복 있는 사람

오직 여호와의 율법을 즐거워하여 그 율법을 주야로 묵상하는 자로다.
저는 시냇가에 심은 나무가 시절을 좇아 과실을 맺으며 그 잎사귀가 마르지 아니함 같으니
그 행사가 다 형통하리로다. (시편 1:2-3)

별을 보고도 가야만 하는 길을
찾을 수 있다던 루카치의 세계,
머리 위로 총총히 빛나는 별로 인해
경이로움을 느끼던 칸트의 세계는
영원히 스러진 것인가?
도구적 이성이 심미적 이성을 압도하는 시대에
이종태가 재주술화된 세상을
들고 나온 까닭은 무엇일까?
허위단심으로 욕망의 언덕을 오르느라
깊이의 세계를 잃어버린 줄도 모르는 이들이
빚어내는 황량함에 지쳤기 때문일 것이다.
장엄한 세상 앞에 설 때
우리를 확고하게 사로잡던
문제들의 장악력은 해체된다.
저자는 루이스를 길잡이로 삼고 있지만,
그를 따라 걷는 동안 수많은 동행인들이
그 경이의 여정에 합류하여
더 큰 흐름을 만들고 있다.
우리도 그 흐름의 일부가 될 수 있다.

김기석 | 청파교회 담임목사

모세는 신의 거룩 앞에서 '신'을 벗음으로써
절대자를 어떻게 예배할지를 고대인에게
보여주었다. C. S. 루이스는 다양한 형식의 글을 통해
신의 영광으로 가득한 세계가 '신'나는 곳임을
현대인에게 알려 주었다. 『경이라는 세계』는
절대자 앞에서 '신'을 벗는 것과 그가 만드신
세계에서 '신'나게 사는 것이 상반된 것이 아니라
그리스도교 신앙의 핵심을 함께 이루고 있음을
매력적이면서도 탁월한 방식으로 보여준다.
이 책은 근대의 과학혁명 이후 사람들의 심정
속에서 사라져 간 경이를 되찾고자, 시대를 대표하는
시인과 소설가, 신학자, 철학자, 사회학자, 역사학자,
과학자를 불러다 재미없어진 일상을 기쁨이
흘러넘치는 장소로 함께 만들어 가는 종합 예술과도
같은 작품이다. 최상급 재료로 긴 시간 푹 끓여
만들어진 스튜의 감미로운 맛과 향처럼, 책의 장마다
C. S. 루이스 학자이자 번역자인 저자의 연구와 강연,
대화, 글쓰기가 조화롭게 어우러져 오랜 기간
익으며 만들어 낸 기막힌 풍미로 가득하다.
현대 교회의 위기를 진단하고 극복하려는
신학자들의 글 이면에 은밀히 혹은 노골적으로
스며든 교리주의와 도덕주의에 신물이 나고
무덤덤해졌던 마음을, 맑고 시원한 생수로 씻어 낸
듯한 청량감과 생동감을 선물하는, 근래 찾아보기
힘든, 그리고 아마 앞으로도 한동안 나오기 힘들
명작 중 명작이다.

김진혁 | 햇불트리니티신학대학원대학교 조직신학 교수

문학과 철학, 과학과 신학의 경계를 넘나들며 단 하나의 주제,
'경이'의 세계로 안내하는 저자의 섬세하고 친절한 문장을 따라가다 보면
우리 문명이 삶에 대한 경이를 잃어버리고 호기심에 사로잡히게 된 사정과
연유를 알게 되고, 우리가 왜 각박한지, 공허한지, 비참한지 깨닫게 되고,
세상을 새롭게 보는 눈을 획득하는 경험을 하게 된다. 책을 읽은 후에
당신은 아마, 내가 그런 것처럼, 『나니아 연대기』를 읽고 싶어질 것이고,
별의 노래를 듣기 위해 하늘을 올려다볼 것이고, 세상이 어제와는 달리
의미와 경이로움으로 가득 차 있다는 사실을 알고 놀랄 것이고,
보이지 않는 것에 대한 그리움을 품게 될 것이고, 그리고 존재의 근원이며
의미의 근원인 하나님의 말할 수 없는 신비 앞에 경탄하게 될 것이다.

이승우 | 소설가, 조선대학교 문예창작학과 교수

막스 베버 (Max Weber, 1865-1920)

카를 마르크스, 에밀 뒤르켐과 더불어 근대 사회학의 태두로 일컬어지는 독일 학자.
『프로테스탄트 윤리와 자본주의 정신』『직업으로서의 정치』『종교사회학』

"우리 시대의 운명은 합리화와 지성화, 무엇보다
'세계의 탈주술화'로 특징지어진다"(『직업으로서의 학문』).

photo by Oleksandr Makhanets

찰스 테일러 (Charles Margrave Taylor, 1931-)

캐나다 맥길 대학교 명예교수. 철학자. 2007년 템플턴상 수상.
『헤겔』『자아의 원천들: 현대적 정체성의 형성』『근대의 사회적 상상』 *A Secular Age*

"아주 어렸을 적 시작된 일이었어요. 경이로움으로 가득한 어떤 장소를 동경했던 기억이
납니다. 그런데 그 장소는 역설적이었어요. 그곳은 제가 늘 놀던 정원 바깥쪽 어느 방향에
위치하고 있는 것 같으면서도 저는 또 그곳이 실은 어떤 통상적 공간에 위치하고 있는 건
아니라고 느꼈거든요. 비록 당시로서는 분명하게 표현할 수 없었던 느낌이지만 말입니
다……〔저의 철학 작업〕 이면에는 바로 그러한, 공간 너머에 있는 역설적 장소를 향한, 있
을지 모를 더 고양된 존재 방식을 향한 근원적 탐색이 있었다고 말할 수 있겠습니다"(2008
년 예술 및 철학 부문 교토상 Kyoto Prize 수상 수락 연설).

C. S. 루이스 (Clive Staples Lewis, 1898–1963)

옥스퍼드 대학과 케임브리지 대학에서 중세 및 르네상스 영문학을 가르쳤다.
20세기 대표적 기독교 작가 중의 한 사람.
『폐기된 이미지: 중세 세계관과 문학에 관하여』『실낙원 서문』『오독: 문학비평의 실험』
『순전한 기독교』『스크루테이프의 편지』『나니아 연대기』

"그 갈망……내 삶의 중심 이야기는 바로 그것에 대한 것이었다"(『예기치 못한 기쁨』).

경이라는 세계

경이라는 세계

이종태 지음

✦

복 있는 사람

경이라는 세계

2023년 11월 28일 초판 1쇄 발행
2024년 4월 17일 초판 3쇄 발행

지은이 이종태
펴낸이 박종현

(주) 복 있는 사람
주소 서울특별시 마포구 연남동 246-21(성미산로23길 26-6)
전화 02-723-7183(편집), 7734(영업·마케팅)
팩스 02-723-7184
이메일 hismessage@naver.com
등록 1998년 1월 19일 제1-2280호

ISBN 979-11-7083-047-4 03230

차례
___

들어가며

2022년 겨울, EBS 지식 교양 프로그램 「클래스 e」의 초대를 받아 '신神나는 세계'라는 제목으로 12회에 걸쳐 강연을 한 바 있습니다. 그 강연 원고를 다듬어 이렇게 책으로 내놓습니다. 본격적인 교양 도서가 되자면 보다 많은 자료와 담론이 보충되어야 하겠지만, 일반에 보다 널리 읽히는 책이 되면 좋겠다는 바람을 핑계 삼아 이렇듯 약소한 내용을, 문체도 강연체 그대로 두고 펴냅니다.

그 강연과 이 책의 주제는 'wonder', 경이驚異입니다. 저는 경이야말로 철학과 종교, 예술과 영성의 시원始原이라고 생각합니다. 땅을 걷다 참되고 선하고 아름다운 것들을 만날 때면 우리는 경이를 느낍니다. 그런데 그런 경이는 우리 안에 어떤 '그리움'을 낳습니다. 진선미의 바다, '하늘'을 향한 그리움 말입니다. 저는 인간 안에 내재하는 이러한 초월 지향성이야말로 인간을 인간이게 하는 본질이라고 생각합니다. 곧 인간의 본질은 명사가 아니라 동사動詞이며, 인간이라는 움직씨는 궁극적으로 신神을 향해 움직여 간다고 믿습니다. 일찍이 아우구스티누스가 신을 향해 고백했듯이 말입니다.

당신은 우리를 당신을 향하도록 지으셨으므로
우리 마음은 당신 안에서 쉬기까지는 쉼을 모릅니다.

이 "쉼을 모르는 마음"restless heart을 훗날 파스칼은 인간 내면에 있는 "무한한 심연"infinite abyss이라고 부르면서 이 무한한 심연은 오직 무한한 신으로만 채워질 수 있다고 말한 바 있습니다. 그런데 '최초의 중세인'이었던 아우구스티누스와 달리 파스칼은

"무한한 (우주)공간의 영원한 침묵" 앞에서 "두려움"을 느낀 '최초의 근대인'이었습니다. 저는 근대 이후 인간은 파스칼이 말한 그 두려움을 통해 비로소 철학과 영성의 시원으로서의 경이의 세계에 입문하게 된다고 생각합니다. 이 책이 근대 세계의 정신으로서의 '탈주술화'를 소개하고, 경이를 '세계의 재주술화' 담론과 연결 지어 탐구하는 이유입니다.

우리가 사는 재미와 삶의 의미를 잃은 건, 어쩌면 경이를 잃었기 때문일 수 있습니다. 하늘에 걸린 무지개를 볼 때면 뛰었던 가슴을 말이지요. 그런 가슴heart을 되찾는 것이 영혼이 빠져 버린 우리 삶과 이 세계에 다시금 생명의 숨이 깃드는 일, 곧 부활renaissance의 삶의 중심heart인지 모르겠습니다.

해서, 경이로의 초대는 곧 부활의 삶으로의 초대입니다. '다시 심장이 뛰는' 삶으로의 초대입니다.

강연자로 초대해 주신 EBS「클래스 e」최수진 PD님과 이금조 작가님, 첫 책이 나오기까지 오래 기다려 주시고 격려해 주신 복 있는 사람 박종현 대표님과 탁월한 수고를 기울여 주신 문준호 편집자님과 주예경 편집자님, 그리고「빛과소금」,「복음과상황」, 필름포럼, 산책길 기독교영성학당, 레미제라블,「잘잘법」(잘 믿고 잘 사는 법) 등 이 책의 밑바탕이 된 기고와 강의의 기회를 주신 여러 매체와 단체에 지면을 빌려 감사를 전합니다.

2023년 만성절All Saints' Day (11월 1일)

이종태

1

별이란
무엇인가?

신나는 세계

우리는 살되, **신나게** 살고 싶습니다. 모든 인간 안에는 신나게 살고
싶은 마음, 신나는 세계에 거주해 살아가고 싶은 마음이 자리하고
있습니다.

그런데 신나는 세계란 어떤 세계일까요? **재미**가 있는 세계라야
신나는 세계이겠지만, 사실 더 중요하게는, **의미**가 있는 세계라야
신나는 세계일 것입니다. 사람은 의미가 있는 세계 안에서라야
신나게, 재미있게 살아갈 수 있습니다. 의미가 없는 세계, 의미가
들어 있지 않은 세계 안에서 인간은 우울해집니다. 겉으로는
재미있게 살아가는 것처럼 보이지만 속으로는 멜랑콜리합니다.

우울, 권태, 무기력, 허무감 등으로 나타나는 **멜랑콜리**^{melacholia}를
현대인의 **근본기분**^{Grundstimmung}으로 보고, 현대인이 멜랑콜리한
이유는 현대인은 의미가 상실된 세계에 살고 있기 때문이라고
분석하는 사상가들이 있습니다. 그런 사상가들이 자주 꺼내 드는
중요한 사회학적 개념이 있는데, 바로 **세계의 탈주술화**입니다.

세계의 탈주술화

세계의 탈주술화는 영어로 '**The Disenchantment of the World**' 혹은
간단히 '**Disenchantment**'라고 하는데, 현대 세계는 주술에서
벗어난 세계라는 뜻입니다. 이 개념을 학계와 사상계에 널리
유포시킨 사람은 근현대 사회과학의 태두라고도 불리는 독일 학자

막스 베버^{Max Weber, 1864-1920}입니다. 네, 명저『프로테스탄트 윤리와
자본주의 정신』의 저자입니다.

막스 베버는 근현대 세계를 탈주술화된 세계라고 명명했는데,
독일어로 탈주술화는 '*Entzauberung*'입니다. 여기서 '*Ent*'는 '탈^脫',
곧 **'벗어나다'**라는 뜻이고, '*Zauber*'는 영어로 '**magic**'(주술, 마법)을
뜻합니다. 다시 말해 근현대 세계는 '**매직**'에서 **벗어난** 세계라는
것이지요. 근대 이전 세계, 곧 전근대 세계는 다분히 '매직'에
사로잡힌 세계, 즉 주술적 사고방식에 사로잡힌 세계였는데,
근대 과학혁명과 계몽주의로 인해 이제 현대인들은 그러한
'매직'에서 벗어나게 되었다는 것입니다.

저는 지금 일부러 '**매직**'이라는 영어를 사용하고 있는데요,
이유가 있습니다. '**매직**'이라고 하면 여러분은 어떤 것이
떠오르시나요? 사실 영어 'magic'은 상반되는 의미 혹은 어감을
함께 가진 말이라고 할 수 있습니다. 먼저 'magic'은 우리말로
주술이라고 번역할 때처럼, 부정적인 의미가 있습니다. 주술은
비과학적인 것이며, 또 비종교적인 것이기도 하기 때문입니다.
주술로서의 'magic'은 흑마술, 미신, 트릭, 사기 등의 뉘앙스를
가집니다.

그런데 'magic'은 긍정적인 어감도 가집니다. "It's magic!"
이라고 하면, '놀랍다', '멋지다', '원더풀하다', '경이롭다' 등을
뜻합니다. 우리말 **마법**에도 그런 긍정적인 어감이 있습니다. 「사랑의
마법」이라는 노래 제목도 있고, 『스토리의 마법』이라는 책 제목도
있습니다. 심지어 리처드 도킨스^{Richard Dawkins} 같은 전투적
무신론자인 과학자도 본인의 저서 제목을 『현실, 그 가슴 뛰는

마법』 *The Magic of Reality* 이라고 붙이기도 했습니다. **1**

'매직'을 잃어버린 세계

'매직'이라는 단어에 담긴 이러한 양가성은 막스 베버가 말한 세계의 탈주술화의 양가성을 이해하는 데 도움이 됩니다. 세계의 탈주술화는 일단 좋은 것입니다. 인류가 이제 계몽되었다는 것이기 때문입니다. 그런데 계몽은 무조건 좋기만 한 것일까요?

계몽은 말하자면 이제 인류가 머리가 커졌다는 것입니다. 아는 것이 많아졌다는 것이지요. 아는 것이 많은 어른, 성인이 되었다는 것입니다. 인류가 이제 머리가 클 만큼 컸다고 자부하기 시작한 시대가 바로 근현대입니다. 현대에 사는 우리는 과거 전근대 시대, 무지하고 몽매했던 시대를 지나 이제 계몽된 시대 *Aufgeklärtes Zeitalter*, 소위 '성인이 된 세계' world come of age 를 살고 있다고 생각합니다.

그런데 머리가 커진다는 것, 교육받아 아는 것이 많은 어른이 된다는 것이 무조건 좋기만 할까요? 적어도 시대의 예언자들이라고 할 수 있는 시인들은 그렇게 생각하지 않았습니다. 영국의 낭만주의 시인 워즈워스 William Wordsworth, 1770-1850 의 잘 알려진 시가 있습니다.

하늘의 무지개를 바라보면
　가슴이 뛰네.
어린 시절에도 그러했고
어른이 된 지금도 그러하니,

늙어서도 그러하기를.

　아니면 차라리 죽게 해다오.

어린이는 어른의 아버지.

바라건대 나의 나날들이

자연에 대한 경애敬愛로 묶여 있기를.**2**

무지개를 볼 때면 가슴이 뛴다는 시인은 이러한 "자연에 대한 경애"를 언제까지나 잃지 않고 살기를 희구합니다. "자연에 대한 경애"란 원문으로는 'natural piety'인데, 요즘 말로 하면 **자연영성**eco-spirituality 정도가 될 것입니다. "어린이"는 가히 자연적으로 이런 영성을 지닌 듯합니다. 하늘에 걸린 무지개를 보면 아이들은 놀라워합니다. 경이를 느낍니다. 하지만 "어른"들은 경이를 느끼지 못하지요. 무지개를 보아도 놀라지 않습니다. 가슴이 뛰지 않습니다.

　왜 어른들은 무지개를 보아도 가슴이 뛰지 않을까요? 무지개가 어떻게 만들어지는지 알기 때문입니다. 그에 대한 과학 지식이 있기 때문입니다. 어른들의 관점에서 아이들이 무지개를 보면서 신기해하는 것은 아이들이 아직 잘 몰라서 그런 것입니다. 귀엽긴 하지만, 아직 머리가 더 커야 합니다.

　아이는 어른이 되어야 합니다. 그런데 아이가 어른이 되면, 얻는 것도 많지만 잃어버리는 것도 많습니다. 인생사가, 또 세상사가 다 그런 것 같습니다. 뭔가 얻는 것이 있으면 꼭 또 뭔가 잃어버리는 것이 있습니다. 모든 일에는 명암이, 빛과 그림자가 있습니다.

　계몽, 혹은 계몽주의는 영어로 **'Enlightenment'**인데, **빛을 받았다**는 뜻입니다. 그런데 계몽이 꼭 빛이기만 한 것은 아니라는

POEMS,

IN

TWO VOLUMES,

BY

WILLIAM WORDSWORTH,

AUTHOR OF

THE LYRICAL BALLADS.

Posterius graviore sono tibi Musa loquetur
Nostra: dabunt cum securos mihi tempora fructus.

VOL. II.

LONDON:

PRINTED FOR LONGMAN, HURST, REES, AND ORME,
PATERNOSTER-ROW.

1807.

4.

My heart leaps up when I behold
    A Rainbow in the sky:
So was it when my life began;
So is it now I am a Man;
So be it when I shall grow old,
    Or let me die!
The Child is Father of the Man;
And I could wish my days to be
Bound each to each by natural piety.

워즈워스의 「하늘의 무지개를 바라보면 가슴이 뛰네」와
이 시가 처음 수록된 시집 *Poems, in Two Volumes*(1807).

것을 갈파한 이들이 있으니, 바로 시대의 어둠을 누구보다도 가장 먼저 느끼는 예언자들, 바로 시인들입니다. 워즈워스 같은 낭만주의 시인들은 인류가 계몽을 통해 잃어버린 것이 있다고, 너무도 중요한 것을 잃어버렸다고 예언자적 목소리를 높였습니다. 인류가 자신은 이제 계몽되었다고, 머리가 클 만큼 큰 어른이 되었다고 여기는 시대가 되면서 잃어버리고 만 것을 워즈워스는 "무지개를 볼 때 뛰는 가슴"이라고 표현했는데, 다시 말하면, **경이**wonder입니다.

흔히 현대를 경이를 상실한 시대라고 부릅니다. 현대인에게 세계는 더는 경이로운 장소가 못 됩니다. 현대인은 더는 경이로운 세계에 거주하지 않습니다. 현대인에게 무지개는 더는 이리스Iris 여신도 아니고, 신의 약속의 표징도 아닙니다. 무지개는 그저 자연 현상일 뿐입니다. '매직'을 잃어버린 것입니다. 현대인에게 세계는 '매직'을 잃어버린 세계, '매직'이 제거된 세계, 탈주술화된 세계입니다.

의미의 위기

현대 세계를 탈주술화된 세계, '매직'이 제거된 세계라고 명명한 막스 베버는 탈주술화의 양가성 문제와 씨름한 사상가였습니다. 탈주술화는 지식의 증대와 부의 증가와 자유의 증진을 가져왔습니다. 인류에게 크나큰 혜택을 가져다주었습니다. 베버는 기본적으로는 탈주술화로서의 모더니티 옹호자였다고 할 수 있습니다. 하지만 베버는 탈주술화가 인류에게 가져온 위기에 대해서도 우리가 주목하게 만드는데, 그가 말한 탈주술화가 가져온 위기란 한마디로 **의미의 위기** crisis of meaning 입니다. 곧 탈주술화된 세계는 의미가 상실된 세계입니다.

현대인은 더는 **의미가 내재한** 세계에 살지 않습니다. 전근대인의 세계는 의미가 세계 안에 붙박이처럼 내재하고 있는 그런 세계였습니다. 보다 구체적으로 말해 전근대인에게 세계는 **텔로스** *telos* (목적)나 **도** 道 나 **로고스** *Logos* 나 **섭리** Providence 등과 같은 우주적 cosmic 의미들로 가득한 장소였습니다. 그러나 현대인에게 세계는 그런 우주적 의미들이 상실된 세계, 그런 의미들과 전혀 무관한, 그저 텅 비어 있는 거대한 빈 공간, 'the Space'일 뿐입니다.

현대인에게 이 세상은 그저 과학적 인과관계에 따라 움직이는 거대한 메커니즘일 뿐입니다. 이 세계에 모종의 의미가 내재해 있다고 여긴 전근대적 세계관은 현대인에게 그저 **종교적** 세계관일 뿐이며, 현대 과학의 세례를 받은 현대인에게 **과학적**이지 않은 모든 세계관은 근본적으로 그저 **주술적** 세계관으로 여겨질 뿐입니다.

한마디로 탈주술화된 세계란 무의미한 세계입니다. 그간 종교가, 또 다분히 종교적이었던 고대 철학이 제공해 주었던 모든 우주적 의미들이 제거된 세계입니다.

그런데 문제는, 인간은 의미 없이 살 수 없는 존재라는 것입니다. 그래서 막스 베버와 많은 사상가들은 "이 무의미한 세계 속에서 인간이 어떻게 삶을 의미 있게 살 수 있을 것인가?" 하는 문제에 천착했고, 저는 개인적으로 우리 시대 종교가, 철학이 씨름해야 할 가장 근본적인 문제가 바로 이것이라고 생각합니다.

세계의 재주술화

탈주술화가 가져온 의미의 위기를 극복하고자 하는 시도, 혹은 기획,
혹은 열망을 일컬어 '세계의 재주술화'라고 부르기도 합니다. 세계의
재주술화Reenchantment of the World는 다시 전근대 시대로 돌아가자는
그런 복고적이고 시대착오적인 시도를 말하는 것은 아닙니다.
우리는 탈주술화 이전의 시대로 돌아갈 수도 없고, 또 돌아가서도 안
될 것입니다. 하지만 많은 이들이, 이 세계를 다시금 의미로운 세계로
볼 수 있는 그런 비전의 회복으로서의 세계의 재주술화가
필요하다고 여깁니다. 하늘의 무지개를 볼 때 다시금 가슴이 뛰는,
그런 경이의 영성을 회복하는 재주술화가 필요하다고 믿습니다.

앞으로 이어질 장들에서 저는 탈주술화와 재주술화 문제에 관한
인문학적, 신학적 담론을 소개해 드리되, 특별히 이 주제와 관련하여
많은 이들에게 큰 영감을 주고 있는 기독교 사상가이자 판타지
작가인 C. S. 루이스의 사상과 작품세계 안으로 독자 여러분을
초대해, 어떻게 세계를 다시금 **신나는 세계**로 회복시킬 수 있는지에
대한 생각과 비전을 나누고자 합니다.

맛보기로, 또 여러분의 호기심을 자극하기 위하여, C. S. 루이스의
대표적 판타지 문학『나니아 연대기』에 나오는 한 장면을 소개하는
것으로 이 장을 마무리하려고 합니다.

나니아 나라는 별도 신※인 판타지 나라, '매직'의 나라인데,
한 영국 소년이 나니아에 와서는 한 별 신을 만나고서는 신기해
마지않으며 이렇게 말합니다.

우리 세계에서 별은 그냥 활활 타오르는 거대한 가스
덩어리이거든요!
In our world, a star is a huge ball of flaming gas.

그 아이에게 그 나니아의 별 신이 한 대답은, 탈주술화된 현대
세계에 루이스가 던지고자 했던 일성一聲이었습니다.

애야, 사실 너희 세계에서도 별은 그런 것이 아니란다.
별이 무엇으로 만들어졌는지가 곧 별이 무엇인지를
말해 주는 것은 아니란다.
Even in your world, my son, that is not what a star is,
but only what it is made of (『새벽 출정호의 항해』 14장).

별이 그저 불타는 거대한 가스 덩어리가 아니라면, 그렇다면 별이란
무엇일까요?
이 물음에 대한 답을 찾아 나서는 여정으로 여러분을 초대합니다.

2

세계의
탈주술화

이번 장에서는 지난 장에서 소개해 드린 **탈주술화** 테제와 그에 따른 **의미의 위기** 문제에 대해 좀 더 상세히 설명드리려 합니다.

탈주술화

막스 베버는 현대 세계를 "탈주술화된"disenchanted 세계라고 불렀는데, 그 후 이 용어는 모더니티의 본질, 근현대 세계의 문화적 조건을 논하는 여러 담론 분야에서 중요 개념어로 사용되고 있습니다.❶ 베버가 말하는 "세계의 탈주술화"란 한마디로 '**이제 인간이 세상을 인지**人智**로 파악 가능하고 인력**人力**으로 지배 가능한 대상으로 보게 되었다**'는 것을 말합니다. 1917년에 행한 강연 『직업으로서의 학문』에서 베버는 이렇게 말합니다.

> 세계는 더는 인간이 계산[파악하고 지배]할 수 없는 어떤 신비한 힘들mysterious incalculable forces이 운행하는 곳이 아니다.……
> 원칙적으로 이제 인간은 모든 것을 계산을 통해 마스터할 수 있다. 다시 말해, 세계는 탈주술화되었다.❷

이는 현재 인간이 실제로de facto 그렇게 세상 모든 것을 다 파악하고 다 지배하고 있다는 말은 아닙니다. 아무리 과학과 기술이 발전했다 하더라도 현재 인간이 세상 모든 만물과 만사를 다 과학적으로 파악하고 기술력으로 지배하고 있지는 못하지요. 그런 것이 아니라, 탈주술화란 인간이 세상을 **원칙적으로는** 그런 파악과 지배가 가능한

대상으로 보게 되었다는 것입니다. 아직은 그렇게 하고 있지
못하지만, 그건 아직 인류의 과학 지식과 기술력이 충분한 수준에
도달하지 못해서 그런 것일 뿐, 언젠가는 가능하다, 비록 먼
미래일지라도 아무튼 원칙적으로는 가능하다, 하는 그런 생각을
인류가 하게 되었다는 것입니다.

　　다시 말해, 탈주술화는 세계관world view의 변화를 말합니다.
세계관世界觀이란 세계를 어떻게 보느냐觀 하는 것이지요. 탈주술화란
인간이 세계를, 곧 세상 만물과 세상만사를 인간의 지력으로 파악
가능하고, 인간의 기술력으로 지배 가능한 대상object으로 보게
되었다는 뜻입니다.

　　탈주술화된 현대 세계가 (마침내) **주술에서 벗어난** 세계라면,
탈주술화 이전 시대는 아직 주술에서 벗어나지 못한 시대, (아직)
주술에 걸려 있는enchanted 시대입니다. 베버에 따르면 '주술에 걸려
있는' 세계에서 세계는 '인간이 파악하고 지배할 수 없는 어떤
신비한 힘들'mysterious incalculable forces이 운행하는 장소였습니다.
이 세상에는 인간이 파악하고 지배할 수 없는 어떤 신비한 힘들이
있고, 세계 만물과 만사가 그런 힘들의 지배를 받는다, 혹은 영향을
받는다고 생각했습니다. 그 신비한 힘들이란 단순히 애니미즘의
정령, 신화에 나오는 나무 신, 별 신 등을 말하는 것일 뿐 아니라,
동양 사상에서 말하는 **도**道, 아리스토텔레스가 말하는
텔로스telos(목적), 그리스 철학에서 말하는 **로고스**Logos, 기독교
신학에서 말하는 신의 **섭리** Providence 등, 전근대인들이 이 세계를
움직이는 힘들이라고 믿었던 모든 것들을 말합니다.

　　그러나 인류는 점진적으로 그런 주술적 세계관에서 벗어나게

되었는데, 인류가 그렇게 주술적 세계관에서 벗어나게 된 과정을
베버는 보다 구체적으로 '합리화 과정'rationalization이라고
불렀습니다. 합리화 과정이란 인간 사고와 행위가 점진적으로
더 합리적이 되어 온 과정을 말하는데, 수천 년에 걸친 그러한
합리화 과정 끝에 근현대에 이르러 이제 세계는 탈주술화되었고,
현대의 탈주술화된 세계에서는 태고의 나무 신, 별 신뿐 아니라, 신의
섭리니, 우주의 **도**니 로고스니, 존재의 **목적**이니 하는, 전근대인들이
이 세계를 움직이는 '신비한 힘들'이라고 믿었던 모든 것들이
설 자리를 잃게 되었습니다.

　앞서 말했듯이 '탈주술화'의 원어인 독일어 'Entzauberung'에서
'Zauber'는 영어로 'magic', 곧 주술이나 마법을 뜻합니다. 베버는
인류의 장구한 역사를 **세계로부터 점진적으로 주술이 제거되어 온**
과정으로 이해한 것입니다. 탈주술화는 베버의 역사철학의 핵심
개념이었습니다.

축의 시대

탈주술화로서의 인류 역사 과정을 다시 말해 보면 이렇습니다. 고대
세계는 원래 "주술(적 사고방식)에 사로잡혀 있는" 세계였습니다. 쉽게
말해, 산에 산신령이 살고 나무에 나무 신木神이 깃들어 있다고
믿었던 시대였습니다. 그런데 그 주술이 본격적으로 풀리기 시작한
시대가 있으니 바로 **축軸의 시대**입니다.

　축의 시대는 영어로 'Axial Age'인데요, '차축車軸시대'라고도

번역됩니다. 독일의 철학자 칼 야스퍼스Karl Jaspers, 1883-1969가 만들어
낸 표현으로서, 인류 역사상 가장 경이로운 시기였던 대략 기원전
900년부터 기원전 200년까지의 시기를 일컫는 용어입니다.
이 시기는 그리스에서는 소크라테스, 아르키메데스, 히포크라테스,
플라톤, 아리스토텔레스 등이 활동했던 시기이고, 중동에서는
페르시아의 조로아스터, 그리고 이스라엘의 이사야나 예레미야 같은
예언자들이 활동했던 시기이며, 인도에서는 『우파니샤드』가
편찬되고, 고타마 싯다르타가 활동했던 시기이고, 중국에서는 공자,
묵자, 노자 등이 활동했던 시기입니다. 그야말로 인류 정신문명의
초석이 놓인 시기, 인류 문명사의 중심축을 이루는 시기라고 할 수
있습니다.❸ 이 시기에 등장한 종교와 철학으로 인해 이제 인류는
그 전까지 인류를 지배했던 주술적 사고방식에서 벗어나기
시작했습니다. 주술이 풀리기 시작한 것입니다.

주술, 종교, 과학

그런데 이 축의 시대에 세계에서 주술을 몰아내는 일에 있어 가장
혁혁한 곳을 세운 것은, 지금 시점에서 돌이켜 보자면, 다름 아닌
이스라엘 예언자들의 유일신 사상이었습니다. 주전 8세기 중후반
즈음부터 팔레스타인 땅에 혜성처럼 등장한 히브리 예언자들은 **창조**
사상을 선포했습니다. 참신은 오직 한 분뿐이며, 그분께서 이 세상을,
이 세상 모든 것을 만드셨다는 것입니다. 이 세상은, 이 세상 모든
것은 조물주가 창조한 피조물이라는 것입니다. 이 말은 무슨

말인가요? 산신령은 없다는 것입니다. 나무 신이란 없다는 것입니다. **신들gods이란 없다**는 것입니다. 오직 하나님God이라는 유일신 한 분만이 계실 뿐, 산과 나무, 해와 달, 용과 리워야단❹ 등은 신이 아니고, 그분께서 만드신 피조물일 뿐이라는 것입니다.

베버가 말한 탈주술화, 다시 말해 인간이 세상—세상 만물과 세상 만사—을 인지人智로 파악 가능하고 인력人力으로 지배 가능한 대상으로 보게 된 것은, 결정적으로 근현대 자연과학의 비약적 발전 덕분입니다. 하지만 베버에 따르면 탈주술화의 원천은 멀리 유대 유일신 신앙으로까지 거슬러 올라갑니다. **이스라엘 예언자들이 자연 영역에서 신들을 쫓아내 준 덕분에** 이제 세상은 인간 지식과 지배의 대상이 될 수 있었던 것입니다. 그도 그럴 것이, 자연이 신이라면 인간은 자연을 연구할 수 없습니다. 자연을 분해하고 분석할 수 없습니다. 소가 신이라면 소를 해부할 수 없습니다. 달이 신이라면 달에 탐사선을 보낼 수 없습니다. 그런데 이스라엘 예언자들이 자연 세계에서 신들을 쫓아 내준 덕분에, 이제 세상은 인간 지식과 지배의 대상이 되었고, 그래서 베버가 합리화 과정Rationalisierung이라고 부른, 인간 사고와 행위가 점진적으로 더 합리적이 되어 가는 역사적 과정이 시작되었습니다.

이 과정을 다시 말해 보면 이렇습니다. 창조주創造主의 등장과 더불어 세상 만물이 피조물被造物이 된 것인데, 다시 말해 주主의 등장과 더불어 물物이 등장한 것입니다. 이제 이 세상 만물이 주主이신 하나님의 형상대로 지음 받은 인간 주체主體, subject가 파악할 수 있는, 그래서 장악할 수 있는 대상물對象物, object이 된 것입니다. **신들이 사라진 세계에서 만물은 인간의 상대가 되지 못합니다.**

그렇지요? 물物 따위가 어찌 인간의 상대가 되겠습니까? 다만 대상이
될 뿐입니다. 지식과 지배의 대상, 연구와 이용의 대상, 관찰과
실험의 대상, 정복의 대상.

이렇게 합리화 과정은 **종교**의 등장과 더불어 시작되었습니다.
자신을 이전 시대의 **주술**과 차별화하는 종교, 특별히 유일신 종교의
등장과 더불어 시작되었습니다. 그런데 **주술과 종교의 분리**와 더불어
촉발된 이러한 합리화 과정은 2,000여 년에 걸친 역사적 흐름 끝에
모더니티에 이르러서는, 결국 역사 무대에서 신의 활동마저
부정되는 완전한 탈주술화를 낳게 되었습니다.

종교는 자연의 무대에서 신들을 몰아냈습니다. 하지만 종교는
역사의 무대에서 활동하는, 역사役事하는 신을 선포했습니다. 하지만,
현대의 과학적 세계관은 역사 무대에서의 신의 활동을 부정합니다.
알고 보니, 곧 합리적으로, 과학적으로 따져보니, '역사하시는
하나님'이란 없다는 것입니다. 자연 **현상**이 있고, 역사적 **과정**이 있을
뿐이지, 이 세계에 '인간이 파악하고 지배할 수 없는 어떤 신비한
힘들'이 운행하고 있다는 건, 그저 전근대적 **종교적 신념**일 뿐이라는
것입니다. 베버의 분석에 따르면, 자연 무대에서 신들을 쫓아낸 바로
그 논리*Rationalisierung*가 모더니티에 이르러서는 이제 역사 무대에서
신을 쫓아낸 것입니다. **종교**가 **주술**을 쫓아냈듯이, 이제는 **과학**이
종교를 쫓아낸 것입니다. 종교가 주술에게서 세계관 지위를
박탈했듯이, 이제 과학이 종교에게서 세계관 지위를 찬탈한
것입니다.**5**

종교가 주술을 쫓아냈듯이,
이제는 과학이 종교를 쫓아낸 것입니다.

탈주술화된 세계에서의 종교

기본적으로 모더니티 옹호자였던 베버는 무릇 현대인은 **지적 자살** 없이는 종교를 가질 수 없다고 보았습니다. 갖더라도 이제 종교는 **신비주의** 형태로 **사적**으로 영위되는 무엇일 뿐입니다.**❻** 그저 내면적 **영성**의 문제일 뿐이지 이제 종교는 세상 이치를 논하는 자리에서는 아무런 발언권을 갖지 못합니다. 내면 세계나 영적 성장 등에 대해 말하고 가르칠 수 있으나, 철두철미 과학적 인과 법칙에 따라 돌아가는 바깥세상, 현실 세계, 자연과 역사에 대해서는 종교가 이제 더는 어떠한 가르침도 제시할 수 없다고 여겨집니다.

　종교宗教라는 한자어는 **으뜸 되는 가르침**을 뜻하지만, 그러나 탈주술화된 현대 세계에서는 종교는 그저 **테라피**therapy로 축소됩니다.『성서』는 교회를 "진리의 기둥과 터"(『성서』「디모데전서」 3:15)라고 부르지만, 탈주술화된 현대 세계에서 종교는 고작 '힐링 캠프'일 뿐입니다. 세계에 대해 배우는 **세계관 학교**로 정식 인가받지 못합니다. 탈주술화된 현대 세계에서는 **과학적** 세계관이 아닌 모든 **종교적** 세계관은 근본적으로 **주술적** 세계관에 불과한 것으로 여겨집니다. 저명한 무신론 철학자인 대니얼 데닛Daniel C. Dennett이 쓴 책의 제목은 이렇습니다.『주문을 깨다: 우리는 어떻게 해서 종교라는 주문에 사로잡혔는가』.**❼** 종교도 근본적으로 주술이라는 것입니다.

무의미

현대 세계에서는 '과학적으로 증명되지 못했다'는 말이 곧 '진리가 아니다', '거짓이다'라는 뜻으로 통합니다. 과학적 증명의 대상이 되지 않는 진리, 과학의 영역에 속하지 않는 진리가 있을 수 있다는 생각을 잘 하지 못합니다. 바야흐로 **과학의 시대**인 것입니다. 주술의 시대가 가고, 종교의 시대가 가고, 이제 과학의 시대가 온 것입니다.

앞서 말했듯이, 베버와 또 많은 사상가들은 이러한 세계의 탈주술화에 대해 양가적 태도를 취합니다. 왜냐하면 탈주술화는 인류에게 많은 혜택을 가져다주었지만 동시에 **무의미** meaninglessness 문제를 안겨 주었기 때문입니다.**8** 전근대인들은 우주의 도니 로고스니, 존재의 목적이니, 신의 섭리니 하는 그런 우주적 의미들이 붙박이처럼 내재하고 있는 세계 안에 살았지만, 현대인들은 더는 그런 우주에 살지 않습니다. 탈주술화된 현대 세계에서 이제 인간은 **의미가 붙박이 되어 있는 코스모스** cosmos**를 집 삼아 거주하는 존재가 아니라, 의미와 무관한 거대한 텅 빈 공간, 'the Space' 속을 부유하는 존재입니다.**

베버는 **'이 무의미한 세계 속에서 인간이 어떻게 의미 있게 살 수 있을 것인가?'** 하는 문제에 천착했고, 그와 또 많은 (실존주의) 사상가들이 내놓은 답 혹은 자구책은, 인간은 **주체적**으로 의미를 만들어 낼 construct 수 있는 존재라는 것이었습니다. 이 세계는 무의미한 공간에 불과하지만 인간은 이 세계에 주체적으로 의미를 **부여**할 수 있는 존재라는 것입니다. 주체적 선택을 통해 인간은 이 세계를 의미 있게 만들 수 있다는 것입니다. 다시 말해, 베버는

허무주의로 경도될 수 있는 상황 속에서 **인간 주체**subjectivity를
재주술화시킴으로써 현대의 '의미의 위기' 문제를 극복하려 했다고
말할 수 있습니다. 베버에게 (영웅적) 인간이란 자신의 주체성의
강화를 통해 이 세계의 무의미를 돌파하는 존재입니다.**9**

하지만 **인간은 의미 있는 세계 안에서만 비로소 의미 있게 살 수
있다**고 보았던 사상가들이 있습니다. 의미 있는 삶이란 오직 의미
있는 세계 안에서만 가능하다고 보는 것입니다. 곧 인간은 이 세계의
의미로움과 경이로움을 알아볼 수 있어야 하고, 그렇게 이 세계의
의미와 경이에 올바로, 제대로, 충만히 반응할 때 인간은 비로소 삶의
의미와 경이와 충만을 누릴 수 있다고 보는 것입니다. 그런 사상가
중의 한 사람이었던 C.S.루이스를 다음 장에서 소개해 드리려
합니다.

영화 「그래비티」(*Gravity*, 2013, 알폰소 쿠아론 감독) 한 장면.

3

신들로
가득한 세계,
나니아

C. S. 루이스 Clive Staples Lewis

「섀도우랜드」Shadowlands라는 영화를 아십니까? 영화 「간디」1982의
감독자로 유명한 리처드 애튼버러 Richard Attenborough의
1993년작으로서 비평가들로부터 호평받았을 뿐 아니라 현재까지도
많은 이들에게 꾸준한 사랑을 받는 영화입니다. 우리나라에서도
개봉되었던 이 영화는 앤서니 홉킨스 Anthony Hopkins와 데브라
윙거 Debra Winger가 주연을 맡아 열연했는데, 어떤 비평가는 앤서니
홉킨스가 출연한 영화들 중 이 작품을 최고로 뽑기도 합니다. 실화를
바탕으로 만들어진 이 영화는, 영국 옥스퍼드와 케임브리지
대학에서 중세와 르네상스 영문학을 가르쳤던 C. S. 루이스와 미국
출신 작가 조이 그레셤 Joy Gresham의 만남과 결혼과 사별 이야기를
기본 줄거리로 하고 있는데, 멜로 드라마적 재미와 비극적 감동을
넘어 삶과 사랑과 고통의 의미에 대한 진지한 철학적, 종교적
물음으로 관객들을 인도해 줍니다.

C. S. 루이스 1898-1963는 20세기를 대표하는 기독교 작가 중의 한
사람입니다. 저서의 판매량과 인용 횟수를 기준으로 삼을 경우, 지난
세기 영미권 기독교계에서 가장 큰 사랑을 받고 가장 큰 영향력을
끼친 저술가의 자리가 이 옥스브리지 Oxbridge 학자에게 돌아가야
한다는 사실에 이의를 달 역사가는 많지 않을 것입니다.

기독교계에서 루이스는 주로 『순전한 기독교』Mere Christiantiy와
같은 기독교 변증서를 남긴 저술가로 알려져 있지만, 기독교계
밖에서 루이스는 판타지 문학의 고전으로 인정받는 『나니아
연대기』The Chronicles of Narnia의 작가로 더 유명합니다. 루이스는 여러

문학 작품을 남겼습니다. 스크루테이프라는 삼촌 악마가 웜우드라는 조카 악마에게 인간을 유혹하여 파멸에 빠뜨리는 방법에 대해 조언한 서른한 통의 편지를 내용으로 하는 『스크루테이프의 편지』 The Screwtape Letters라는 책이 있고, 지옥 언저리에 살던 혼령들이 천국 언저리로 소풍을 가서 겪는 에피소드를 통해 인간 실존에 대한 영성적 통찰과 신학적 메시지를 전하는 『천국과 지옥의 이혼』 The Great Divorce이라는 판타지 소설이 있는데, 이 책은 범신론적인 사상가였던 윌리엄 블레이크William Blake, 1757-1827가 쓴 『천국과 지옥의 결혼』The Marriage of Heaven and Hell이라는 책에 대한 반박서 성격이기도 합니다. 또 랜섬이라는 언어학자를 주인공으로 화성, 금성, 지구에서 펼쳐지는 모험 형식의 판타지 삼부작, 『침묵의 행성 밖에서』Out of the Silent Planet, 『페렐란드라』Perelandra, 『그 가공할 힘』That Hideous Strength이 있고, 큐피드와 프시케 신화를 모티브로 한 소설 『우리가 얼굴을 찾을 때까지』Till We Have Faces라는 책도 있는데, 이 신화적 소설의 주제는 이렇습니다. "우리가 우리의 얼굴face을 찾기 전까지는 어떻게 우리가 신들을 얼굴 대 얼굴로face to face 마주할 수 있겠는가?"

루이스 서거 50주기였던 2013년 11월 22일에 뜻 깊은 일이 있었습니다. 영국 웨스트민스터 사원에는 **문인들의 명예의 전당** Poet's Corner이 있는데, 제인 오스틴, 루이스 캐럴, 조지 엘리엇, 오스카 와일드, 존 키츠, 존 밀튼, 윌리엄 워즈워스, 셰익스피어 등 영국 문학사의 기라성 같은 문인들의 기념석memorial stone이 설치되어 있는 곳입니다. 이곳에 루이스의 기념석이 지난 2013년 11월 22일에 설치되었는데, 이는 루이스가 단순히 유능한 기독교 **변증가**로서뿐 아니라 탁월한 **문인**으로서도 인정받고 있음을 보여주는 증표였습니다.

루시에게

문학가로서의 루이스의 작품 중 가장 유명한 책은『나니아
연대기』입니다.『나니아 연대기』는 몇 해 전 BBC에서 비평가들을
대상으로 한 '가장 위대한 아동 문학' 설문에서『샬롯의 거미줄』
다음으로 2등에 뽑힐 정도로 대중뿐 아니라 비평가들에게서도
호평받는 현대 판타지 문학의 고전입니다.
　루이스는『나니아 연대기』의 첫 권인『사자와 마녀와 옷장』을
절친 오웬 바필드Owen Barfield의 딸이자 자신의 대녀goddaughter인 루시
바필드에게 헌정하면서 이렇게 적었습니다.

　너는 이제 페어리테일fariy tale, 요정 이야기, 동화을 읽기에는 너무
　나이를 먹어 버렸[지만]……언젠가는 페어리테일을 다시 읽을
　나이가 될 게다.

루시는 당시 15살이었으니까 페어리테일 책을 좋아하지 않을
나이였긴 합니다. 하지만 루이스는 루시가 언젠가는 다시
페어리테일을 읽게 될 것이라고 예견합니다. 아이는 크면 어른이
되지만, 어른이 더 성숙하면 다시 "어린아이 같아"지게 되기도
하니까요.『나니아 연대기』는 어린아이들을 위한 책이지만, 또한
"페어리테일을 다시 읽을 나이가 된" 어른들을 위한 책이기도

합니다.

  아이는 어른이 되어야 합니다. 그런데 아이가 어른이 되면, 얻는 것도 있지만 잃어버리는 것도 있습니다. 무엇보다 동심을 잃게 됩니다. 워즈워스의 말을 빌리자면 "무지개를 보면 가슴이 뛰는" 마음을 잃어버리게 됩니다.

  어른들이 무지개를 보아도 가슴이 뛰지 않는 이유는, 자신은 이제 머리가 클 만큼 컸다고, 스스로 과학 지식을 통해 계몽되었다고 여기기 때문입니다. 스스로를 계몽되었다고 여기는 현대인은 더는 태양을 보고 절하지 않고, 무지개를 볼 때 가슴이 뛰지 않습니다. 그 대신 현대인은 행성에 우주 탐사선을 보내고, 프리즘을 통해 무지개 현상을 만들어 내지요.

  루이스는 현대 세계에서 스스로를 계몽되었다고 여기고 살아가는 어른들을 위해 『나니아 연대기』를 썼습니다. 현대가 잃어버린 것들, 현대 세계에서 어른들이 잃고 살아가는 것들을 우리가 깨닫고 그 회복의 길을 모색하도록 해주려는 것이었습니다.

  루이스는 자신이 대부godfather가 되어 준 루시가 자라 청소년이 되고 성인이 되어 가는 모습을 대견스러워 했겠지만, 루시가 언젠가는 현대의 보통 성인들보다 더 성숙해져서 "페어리테일을 다시 읽는" 성인이 되기를 바라고 기대했습니다. 지금 이 책을 읽는 독자 여러분은 페어리테일을 읽어 본 지가 언제입니까?

영화 「사자, 마녀, 그리고 옷장」
(*The Lion, The Witch and The Wardrobe*, 2005, 앤드루 애덤슨 감독) 한 장면.

커다란 집 안을 탐험하는 아이

『나니아 연대기』는 나니아 나라라는 판타지 공간에서 벌어지는 모험 이야기인데요, 이 이야기의 시작은 이렇습니다. 2차 세계대전 중 영국 런던에 살던 페번시가[※]의 4남매인 피터, 수전, 에드먼드, 루시는 독일군의 비행기 공습을 피해 디고리 교수의 시골 별장으로 보내지는데, 막내 루시가 그 교수의 집 어느 구석진 방에 놓인 어떤 오래된 옷장 문을 통해 나니아라는 신비한 나라에 들어가게 됩니다.

그런데 이 서사의 시작 이야기에서 우리가 주목할 만한 것이 있습니다. 『사자와 마녀와 옷장』에서 그 페번시가 아이들이 한동안 머물렀던 한 노[老]교수의 집은 **"가도 가도 끝이 없을 것 같은"** 커다란 저택이었습니다. **"생각지 못한 장소들로 가득한"** 집이었습니다. "가도 가도 끝이 없을 것 같은" 커다란 저택, "생각지 못한 장소들로 가득한" 그 집 안을 탐험하다 루시는 "커다란 옷장 하나만 덩그러니 놓여 있는 방"을 발견하게 되고, 그 옷장 안에 들어가 보았다가, 거대한 모험 이야기 속으로 뛰어들게 되지요.

루이스에게 세계는 바로 그런 "생각지 못한 장소들로 가득한" 커다란 집과 같은 곳이고, 저와 여러분은 그 집 안 곳곳을 탐험하는 아이가 되라는 초대를 받은 존재들인 것입니다.

어린아이에게 세계는 집과 같습니다. 그리고 루이스가 우리로 상상해 보게 하는 집은 아주 거대한 집, "가도 가도 끝이 없을 것 같은" 집, 많은 비밀의 방이 있는 집입니다. 나니아 작가에 따르면 우리가 사는 우주가 바로 그런 집이라는 것입니다. 집 우[宇], 집 주[宙], **우주[宇宙]라는 집** 말입니다.

현대인은 이런 우주를 잃어버렸습니다. 탈주술화된 현대 세계에서 이제 인간은 의미가 붙박이 되어 있는 코스모스를 집 삼아 거주하는 존재가 아니라, 의미와 무관한 거대한 텅 빈 공간 속을 부유하는 존재입니다. 예전 사람들이 'Cosmos', 곧 **질서**와 **아름다움**을 갖춘 곳이라고 불렀던 우주를 이제 우리는 'the Space', **빈 공간**이라고 부른다는 것 자체가 우리가 지금 어떤 세계에 살고 있는지를 말해 줍니다.

영화 「그래비티」를 보셨습니까? 거기서 여주인공이 거대하고 어두운 텅 빈 공간 속을 우주의 미아가 되어 홀로 부유하던 장면 기억하시나요? 이 장면이 너무 섬뜩했다면, 어쩌면 그건, 우리 모두가 이 세계 안에서 실존적으로 느끼고 있는 것을 너무도 적나라하게 보여준 탓인지 모릅니다.

현대인은 집으로서의 우주를 잃어버렸습니다. 『나니아 연대기』는 바로 이런 우주, 이런 집을 잃어버린 현대인들에게 **"돌이켜 어린아이들과 같이 되기"**를 초대하는 이야기입니다. 예수 그리스도는 복음서에서 "너희가 돌이켜서 어린이들과 같이 되지 않으면, 절대로 하늘나라에 들어가지 못할 것이다"(『성서』 「마태복음」 18:3)라고 말씀하신 적이 있습니다. 나니아 이야기는 모험 이야기입니다. 그러나 이 모험은 아슬란이라는 무시무시하도록 선한 존재가 다스리는 우주 안에서 벌어지는 모험입니다. **나니아라는 우주, 집 안 탐험**인 것입니다.

사실 생각해 보면, 기독교가 인간의 삶을 보는 방식에 따르면 인간은 집에서만 모험할 수 있습니다. 집을 떠난 사람, 집이 없는 사람은 모험하지 않습니다. 그는 그저 생존을 위해 몸부림칠 뿐,

"자기 몸을 산 제물로 바치는"(『성서』「로마서」12:1) 모험은 하지 못합니다. 사람이 아브라함처럼 "고향, 친척, 아버지 집을 떠나" 약속의 땅으로 과감히 갈 수 있는 것은(『성서』「창세기」12:1) 하늘에 계신 아버지 하나님을 믿기 때문입니다. "땅과 거기에 충만한 것과 세계와 그 가운데에 사는 자들"이 모두 우리 아버지 하나님의 것이기 때문입니다(『성서』「시편」24:1). 사람은 자신을 사랑하시는 아버지 하나님께서 계시는 하늘 아래 땅에서만 모험을 감행할 수 있습니다. 용기 있게 길을 떠나, 태초부터 이어지는, 종말까지 이어지는 모험 이야기의 일부가 될 수 있습니다.

루이스가 들려주는, 또 위대한 작가들이 들려주는 이야기의 마법에 빠져 우리가 눈을 떠 보게 되는 세계는 얼마나 아득하고 까마득한 신비인지요. "가도 가도 끝이 없을 것 같은" 세계, "생각지 못한 장소들로 가득한" 세계입니다. 천자문의 시작인 '천지현황 우주홍황'天地玄黃宇宙洪荒이 그런 뜻입니다. 아득하고 까마득한 신비로서의 이 세계, 우주, 코스모스 말이지요. 셰익스피어의 『햄릿』에 나오는 유명한 대사가 있습니다.

> 호레이쇼, 하늘과 땅에는 자네의 철학으로 상상하는 것보다
> 훨씬 많은 것이 있다네(1막 5장).

나니아 이야기가 보여주는 믿음의 삶, 진정한 삶이란 이 위험危險 하고도 아름다운 세계 안에서 탐험探險하고 모험冒險하기를 주저하지 않는 삶입니다. **커다란 집 안을 탐험하며 비밀의 방 옷장을 열어 보는 어린아이**가 되는 것입니다.

나니아 이야기가 보여주는 믿음의 삶,
진정한 삶이란 이 위험하고도
아름다운 세계 안에서 탐험하고 모험하기를
주저하지 않는 삶입니다.

텅 빈 우주

루이스는 저술에서 막스 베버의 탈주술화 테제를 명시적으로 언급한 바는 없지만, 탈주술화 주제는 그의 작품 도처에서 발견됩니다.**❶** 「텅 빈 우주」*The Empty Universe*라는 제하의 글에서 C. S. 루이스는 말하기를 "철학이 시작된 이래 죽 진행되어 온 사상의 흐름"이 있다고 하면서, 그 운동이 "모든 나무는 님프였고 모든 행성은 신^神이었던" 세상, "풍부하고 생동했던" 우주를 "텅 빈 우주"로 바꾸어 놓았다고 말하고 있습니다.**❷**

"텅 빈 우주"란 별이 그저 "가스 덩어리"일 뿐인 세계, 나무가 그저 **물체**일 뿐인 세계입니다. 하지만 루이스가 창조한 나니아는 다른 세계입니다. 그 나라는 "모든 나무는 님프이고 모든 행성은 신^神"인 세상입니다. 풍부하고 생동하는 우주입니다. 그렇다면 루이스는 우리가 다시 그런 태고의 신들로 가득한 세계로 돌아갈 수 있다고, 돌아가야 한다고 생각했던 것일까요?

물론 아닙니다. 우리는 그런 신화 시대, 마법 시대로 돌아갈 수 없고, 또 돌아가서도 안 됩니다. 하지만 루이스는 별이 그저 "가스 덩어리"에 불과한 세계는 "텅 빈 세계", 다시 말해 의미로움과 경이로움을 잃은 세계이며, 그런 세계에서 인간은 의미와 경이를 잃은 삶, 다시 말해 텅 빈 삶을 살 수밖에 없다고 보았습니다.

루이스는, 충만한 삶을 위해서는 우리에게 이 세계를 충만한 곳으로 (알아)보는 눈이 필요하다고 보았습니다. 인간은 이 세계를 의미로움과 경이로움이 가득한 곳으로 (알아)볼 수 있을 때 비로소 충만한 의미와 경이를 느끼며 살 수 있다고 보았습니다.

"신들로 가득한 세계" 나니아는, 가상의 그런 충만한
세계입니다. 별이 그저 "가스 덩어리"가 아닌 그 이상의 무엇인 세계,
나무가 단순히 물체가 아닌 그 이상의 무엇인 세계, 별들이 춤을
추고 나무들이 노래하는 세계입니다.

이 가상의 충만한 세계를 우리에게 보여주면서 루이스가
이 탈주술화된 현대 세계를 살아가는 우리, 텅 빈 공간 속을
부유하듯 살아가는 현대인들에게 전하고자 했던 신학적, 영성적
메시지에 대해, 이후 장들에서 더욱 자세히 소개하도록 하겠습니다.

4

인간
폐지

세계 안에 내재하는 의미

지난 장에서 소개해 드린 기독교 작가 C.S.루이스는 **인간은 의미로운 세계 안에서만 비로소 의미 있게 살 수 있다**고 보았던 사상가였습니다. 이 세계 자체는 의미가 없지만 이 의미 없는 세계에서도 인간이 의미 있게 살아가야 하고, 또 의미 있게 살 수 있다고 생각하는 사상가들도 있는 반면, 루이스는 의미 있는 삶이란 다름 아니라 이 세계 안에 들어 있는 의미에 제대로 **반응**하는 삶이라고 보았습니다.

다시 말해, 인간은 이 세계의 경이로움과 의미로움을 알아보고 그것에 충만히 반응할 수 있을 때 비로소 삶의 경이와 의미를 누리게 된다는 것입니다. 루이스에게 충만한 삶이란 바로 이 세계를 충만한 곳으로 **알아보는** 삶을 뜻합니다. 곧, 이 세상을 'wonder'로 가득한 'wonder-full'한 곳으로, 'meaning'으로 가득한 'meaning-full'한 곳으로 알아볼 때 인간은 비로소 삶의 충만을 누리게 됩니다.

흔히 현대인은 의미나 경이를 **주관적 감정 상태**(에 불과한 것으로)로 이해합니다. 슬픔이나 기쁨처럼 의미나 경이도 내가 느끼는 마음 상태라는 것이지요. 그런데 어떻습니까? '슬프다'고 할 때는 **내 마음이** 슬프다는 말이지만, '경이롭다!'고 할 때는 내 마음이 경이롭다는 말이 아니라 지금 내게 보이는 **저것이** 경이롭다는 말이지요. 'wonderful'이나 'meaningful' 같은 단어들은 바깥 세계를 서술하는 형용사이지 인간의 주관적 감정을 서술하는 형용사가 아닙니다.❶

루이스의 저서 중에 『인간 폐지』라는 책이 있는데요, 현대 문명

비판서 성격의 책이라고 할 수 있습니다. 그 책 서두에서 루이스는 당대 영국의 어느 초등 국어 교과서를 언급하는데, 그 교과서는 이런 내용을 담고 있다고 합니다. 가령 어떤 사람이 어떤 폭포를 보며 '장엄하다'sublime고 말할 경우, 이때 그 '장엄하다'는 말은 그 말을 하는 사람의 주관적 느낌을 표현하는 말일 뿐, 그 폭포에 관한 어떤 객관적 사실을 진술하는 말이 아니라는 것입니다. 곧 폭포를 보고 '폭이 얼마다', '높이가 얼마다' 하는 말들은 그 폭포에 관한 객관적 사실을 진술하는 말이지만, 폭포를 보고 '장엄하다'고 하는 말은 그 폭포에 관한 객관적 사실을 진술하는 말이 아니라, 그 말을 하는 사람의 주관적 느낌을 표현하는 말에 지나지 않는다는 것입니다. 따라서 어떤 폭포를 두고 그것을 '장엄하다'고 하든, 혹은 그저 '볼 만하다'pretty고 하든, 그런 건 옳고 그름을 따질 수 없는 주관적 문제라는 것입니다.❷

　　하지만 루이스의 생각은 다릅니다. 어떤 폭포의 장엄함은 그 폭포에 **내재하는**inherent 의미입니다. 그 폭포를 보면서 장엄하다고 느끼는 것은 그 폭포에 내재하는 의미, 곧 그 장엄함을 **제대로 알아본** 것이며 그 의미에 **제대로 반응**하고 있다는 것입니다. 그렇지 않고 장엄한 폭포를 보면서 그 장엄함을 느끼지 못한다는 것은 그 폭포에 내재하는 의미를 제대로 알아보지 못하고 있는 것이고, 그 의미에 제대로 반응하지 못하고 있는 것입니다. 장엄한 폭포를 보고 그저 '볼 만하다'고 느끼는 사람이라면, 그는 그 폭포에 내재하는 의미에 충분히 반응하지 못하고 있는 것입니다.

현대의 이원론

루이스는 그 초등 교과서 내용의 바탕에 깔린 어떤 철학적 입장에
대해 반대하는 것입니다. 그 교과서 저자들이 당연한 것으로
전제하고 있는 철학적 입장은 이런 것입니다. 루이스의 말 그대로를
인용해 보자면 이렇습니다.

사실fact의 세계는 가치value 문제와 전혀 상관없고, 느낌의
세계는 진리나 거짓, 정의나 불의의 문제와 전혀 관계가 없어서,
그 두 세계는 서로 맞서 있을 뿐 둘 사이에 어떠한
'교섭'rapprochement도 가능하지 않다. ❸

다시 말해 사실fact의 세계와 가치value의 세계는 서로 별개의
세계라는 것이지요. 현대인은 사실과 가치, 정신mind과 물질matter,
의식consciousness과 실재reality, 주체subject와 객체object가 서로 전연
별개의 세계라고 생각합니다.

그런데 루이스는 현대인의 사고를 지배하는 이러한 사실·가치,
의식·실재, 정신·물질, 주체·객체 **이원론**이 근본적으로 **탈주술화의
산물**이라고 통찰합니다. 영문학자로서의 루이스의 대표작 *magnum
opus*이라 할 수 있는 학술서 *English Literature in the Sixteenth Century,
Excluding Drama*에는 '신지식과 신무지' New Learning and New
Ignorance라는 제목의 서문이 달려 있고, 분량이 무려 65페이지나
됩니다. 거기서 루이스는 어떻게 신지식이 신무지를 가져왔는지에
대해 말하는데, 루이스가 말하는 신지식이란 근대의 새로운 과학

이론, 특별히 신천문학the new astronomy을 말합니다. 루이스는 어떻게 근대의 신천문학이 "풍부하고 생동했던" 우주의 상실, 곧 탈주술화를 가져왔는지, 그리고 그러한 탈주술화가 어떻게 현대의 주체·객체, 정신·물질 이원론을 낳게 되었는지를 이야기합니다. 조금 어려울 수 있지만, 루이스의 말을 그대로 인용해 보겠습니다.

> 〔그 과학적 방법론은〕 자연을 수학적 요소들로 환원시켰고, 생동적, 물활론적animistic 우주관을 기계론적 우주관으로 대체해 버렸다. 세계는 내주하는 영들을 빼앗겼고, 그 다음에는 오컬트적 교감력과 반감력을, 마침내는 색과 향과 맛까지 빼앗기고 말았다. (일례로, 케플러는 활동 초기만 해도 행성의 움직임을 '움직이는 영들'anima motrices을 들어 설명했는데, 말년에는 기계론적인 설명을 내놓았다.) 이러한 변화가 낳은 것은, 유물론materialism 이기보다는 이원론dualism이었다. 이 과학적 방법론의 중추인, 정신적 구성ideal constructions 행위의 주체로서의 인간 정신mind은 점점 더 자신의 대상object과 대립되고 이질적인 것이 되어 갔다.❹

다시 말해, 이전에 세상 모든 것은 인간이 다 파악하고 지배할 수 없는 신비한 영이 깃들어 있는, 곧 **살아 있는** 것들이었으나, 세계의 탈주술화로 인해 이제 세상 모든 것은 인간에게 생명 없는 **물체**object, 객체,대상가 되어 버렸다는 것입니다.

너새니얼 호손(Nathaniel Hawthorne, 1804-1864)의 동화책
*A Wonder Book for Girls and Boys*에 실린 아서 래컴(Arthur Rackham, 1867-1939)의 삽화.

주관주의

루이스는 인간이 이렇게 세상 모든 것을 객체·대상object으로 보게 된
것은 마치 인간이 미다스Midas의 손을 갖게 된 것과 같아서, 인간은
그 손을 통해 '부자'가 되었다고 말합니다. 그리스-로마 신화에
나오는 미다스 아시지요? 미다스 왕의 손은 손에 닿는 모든 것을
금으로 만들어 버리는 손이었습니다. 세상 모든 것을 객체·대상으로
보게 되면서, 인간은 부자가 되었습니다. 곧 지식과 힘을 갖추게
되었습니다. 세상 모든 것이 인간 지식의 대상이고, 그렇게 정복과
지배의 대상이 된 것입니다. 하지만 동시에 이는 인간의 손이 닿으면
전에 살아 있던 모든 것이 생명 없는 물체objects가 되어 버리고
만다는 비극을 뜻하기도 합니다.

　　루이스는 그가 '주관주의'subjectivism라고 부른 현대 사조에 대한
맹렬한 비판자였습니다.**5** '주관주의'란 한마디로 의미나 가치
문제가 객관성이나 합리성 여부를 따질 수 없는, 그저 주관에 속하는
문제라고 여기는 태도를 말합니다. 그런데 루이스는 단순히 **윤리적
주관주의**를 문제 삼고 그 대신 **윤리적 객관주의**("윤리는 주관적인 것이
아니라 객관적인 것이다!")를 주장하는 것이 아니라는 사실을 이해하는
것이 중요합니다. 앞서 나왔던 이야기에서 그 '장엄한' 폭포에
내재한다고 루이스가 주장하는 그 '장엄함·숭고함'the sublime은
윤리적 가치라기보다는 미적 가치이지요.

　　루이스가 문제 삼는 것은 **사실**의 세계와 **가치**의 세계를 각각
객관적 세계와 **주관적** 세계로 보고 두 세계를 서로 전연 무관한
세계로 보는 **현대의 이원론**dualism 자체입니다. 다시 말해, 진리나

선이나 아름다움 같은 것들은 주관적인 것들이 아니라 객관적인
것들이다, 하고 주장하는 것이 아니라, 그런 식으로 **주관적인 것**과
객관적인 것을 칼로 무 자르듯이 나누는 현대의 이분법적 사고방식,
인식론, 존재론 자체를 문제 삼는 것입니다.

인간 폐지

루이스는 모더니티의 인식론적 도그마인 이러한 이원론과 거기
기대어 있는 '주관주의'를 그대로 방치할 경우, 이는 단순한 윤리적
타락을 넘어서 아예 **'인간 폐지'**를 가져오고 말 것이라고 경고합니다.
곧 지금껏 우리가 알아 온 **인간**이 더는 존재하지 않게 된다는
것입니다.

　앞 장에서 언급한 바 있는 「텅 빈 우주」라는 에세이에서
루이스는, 모든 것을 객체화·대상화시키는 그 마법의 손이 결국 인간
자신도 물체화시키고 말 것이라고 말합니다. 미다스 신화에서
미다스 왕이 그만 그 손으로 자신의 사랑하는 딸까지 죽은
금덩어리로 만들어 버리듯이, 이제 인간은 인간 자신을 그렇게 죽은
물체로 만들어 놓을 위기에 처해 있다는 것입니다.

　이제 인간은, 인간에게 **영혼**이 있다는 말도, 나무에 **정령**이
깃들어 있다는 말 못지않게, 과학적 사실이 아니라 사실상 신화적
허구에 지나지 않는 종교적 관념에 불과하다고 여기기에
이르렀습니다. 나무에게서 **정령**을 제거한 **그 똑같은 논리**가,
그 합리화 과정이, 그 탈주술화가, 이제 인간에게서 **영혼**을 제거하고

있는 것입니다.

　말하자면 루이스는 별이 그저 '가스 덩어리'에 불과한
세계에서는 인간도 결국 **단백질 덩어리**로 여겨질 수밖에 없다고
보았습니다. 별을 그저 가스 덩어리로 보는 눈에는 인간도 결국
단백질 덩어리일 뿐입니다. 우리가 지금껏 알던 **인간이 폐지되는
것**입니다.

　그러므로 '폐지'될 위기에 처한 '인간'을 구하기 위해, 무엇보다
가장 필요한 것은 **별을 그저 가스 덩어리 이상의 무엇으로 볼 수 있는
(새로운) 눈**이라고 루이스는 생각합니다. 곧 탈주술화를 넘어서는
재주술화가 필요하다고 여깁니다.

찰스 테일러

루이스의 이런 생각은 우리 시대 중요한 사상가인 캐나다 철학자
찰스 테일러Charles Taylor, 1931-의 생각과 깊이 공명합니다.
찰스 테일러는, 세계 안에 의미가 (인간의 '반응'과 무관하게 아예)
붙박이로 들어가 있다고 보았던 이전 시대 세계관, 곧 플라톤적
세계관이나 중세 기독교 신학적 세계관 등으로 되돌아갈 수는
없다고 생각합니다. 하지만 테일러는 의미나 가치에 대한 인간
경험을, 의미나 가치와 무관한 이 우주를 향해 인간이 행하는 주관적
투사projections에 불과하다고 보는 **투사주의**projectivism도 극복해야
한다고 말하고, 그러한 극복이 자신이 말하는 '재주술화'의 요지라고
말합니다.**6**

별이 그저 가스 덩어리에 불과한 세계에서는
인간도 결국 단백질 덩어리로
여겨질 수밖에 없습니다.

다시 말해, 우리는 세계를 **'의미의 소재지'**ᵃ locus of meaning로 볼 수
있어야 한다는 것입니다. 탈주술화는 소위 '주체로의 전회'turn to the
subject를 가져왔는데, 이로 인해 현대인은 의미나 가치 같은 것들이
세계 안이 아닌 오직 인간의 정신mind이나 의식consciousness 안에만
있는 것이라고, 곧 인간의 정신이나 의식만이 우주 안의 유일한
'의미의 소재지'라고 생각합니다.

하지만 테일러는 인간의 가치·의미 경험은 그가 말하는 'strong
evaluation'(강한 의미의 평가)을 내포하는 체험이라고 역설합니다.
테일러 철학의 핵심 개념인 이 'strong evaluation'을 간단히
설명하자면 이렇습니다. 가령 인간의 경이감sense of wonder이 단순히
우리의 주관적 감정 체험에 불과한 것이 아니며, 우리 안에 경이감을
불러일으키는 그 대상이 정말로 경이로운wonder-full 것이고,
따라서 우리가 그렇게 느끼는 것은 **옳은** 반응이라는 **평가** 내지
판단이 내포된 경험이라는 것입니다.**7**

그러니까 나이아가라 폭포를 보면서 '장엄하다'고 말하는 것은
단순히 내 주관적 감정에 대해 서술하는 표현이 아니라 그 폭포에
대해 뭔가 옳은 평가를 내리는 행위인 것입니다. 그러므로
나이아가라 폭포를 보면서 장엄함을 느끼지 못하거나, 어린아이를
보면서 사랑스러움을 느끼지 못하거나, 연로한 노인을 보고
존경심을 느끼지 못하는 것은, 단순히 **취향**의 문제가 아니라,
내게 무언가 **문제**가 있는 것입니다.

테일러도 루이스처럼 우리가 세계 안에서 의미와 가치를 알아볼
수 있어야 하고, 그런 눈의 회복이 '세계의 재주술화'의 핵심이라고
여깁니다. 이어지는 장들에서는 그런 **눈의 회복**이라는 주제를

판타지 문학, 과학적 세계관, 경이의 영성 등과의 관계 가운데서
탐구해 나가려 합니다.

5

페어리,
동경의
공간

충만함

지난 장 말미에, 탈주술화와 재주술화와 관련하여 우리 시대의 중요한 사상가로 찰스 테일러를 소개해 드렸습니다. 테일러는 우리가 투사주의projectivism를 넘어서야 한다고 말합니다. 투사주의란 인간의 의미 경험이나 가치 경험을, 의미나 가치 같은 것과는 전연 무관한 우주를 향해 인간이 행하는 주관적 투사에 불과한 것으로 보는 관점을 말합니다. 테일러에 따르면, 우리는 의미나 가치 같은 것을 그저 인간의 의식이나 정신 안에 국한되어 있는 무엇으로 여길 것이 아니라, 이 세계 자체를 '의미의 소재지'로, 다시 말해 의미롭고 경이로운 장소로 볼 수 있어야 합니다.

이 세상을 'wonder-full'한 곳으로, 'meaning-full'한 곳으로 알아보는 체험을 테일러는 **충만**fullness이라고 부릅니다. 테일러는 인간에게는 누구나 이 'fullness'를 향한 선천적 갈망innate longing이 있다고 말하면서, 탈주술화되었다는 이 '세속 시대'secular age에 어떻게 혹은 어떤 식으로 이 'fullness'가 가능할지 묻는 물음을 자신의 철학적 탐구의 주요 화두로 삼습니다.❶

중요한 것은, 테일러가 말하는 이 'fullness'는 단순히 주관적 체험이 아니라 객관적인 것으로 이해되는 주관적 체험, 곧 이 세상을 의미롭고 경이로운 곳으로 **알아보는** 체험을 말하는 것이라는 점입니다.❷ 다시 말해, 'fullness'는 우리가 이 세상의 'meaning-fullness', 'wonder-fullness' 등에 **참여**하게 되는 경험을 말합니다. 곧 **이 세계의 'fullness'에 내가 몸담게 되는 체험, 뛰어드는 체험**을 말합니다.

64

페어리

『나니아 연대기』는 그러한 'fullness'에 대한 갈망, 동경, 그리움을
일으키는 이야기입니다. 왜냐하면 나니아는 '신들로 가득한' 나라,
'풍부하고 생동하는' 우주, 의미와 경이로 가득한 세계, 충만한
공간이기 때문입니다.

　『나니아 연대기』는 페어리테일입니다. 페어리테일은 보통
'동화'나 '요정 이야기'로 번역되지만, 사실 둘 다 그리 좋은 번역어가
되지 못합니다.『반지의 제왕』The Lord of the Rings의 저자이자 루이스
등과 더불어 '잉클링스'Inklings라는 문학 클럽의 멤버였고,
페어리테일에 대한 중요한 이론서인『페어리테일에 관하여』On Fairy
Tales를 쓴 J. R. R. 톨킨 John Ronald Reuel Tolkien, 1892-1973에 따르면,
페어리테일은 본디 '요정fairies에 대한 이야기'가 아닙니다. 톨킨에
따르면 '페어리'Faire 혹은 Faerie라는 말은 본래 어떤 **장소**place를
가리키는 말이었습니다. "요정 같은 존재들이 존재할 수 있는 어떤
영역이나 상태"를 가리키는 말이었습니다. 페어리테일은 바로 그런
공간에 대한 이야기인 것입니다. 우리 안에 경이감과 신비감을
일으키는 **마법적, 신화적 공간**에 대한 이야기 말이지요.
곧 페어리테일은 어떤 특별한 장소나 공간에 대한 이야기입니다.

　그래서입니다.『나니아 연대기』를 읽어 보면, 그 이야기에서는
나니아라고 하는 나라, 그 장소, 그 공간이 거의 하나의
캐릭터입니다.『나니아 연대기』는 이런저런 요정들, 괴물들,
인물들이 나와서 캐릭터들이 엮어 내는 **이야기**가 재미있는 그런
소설이 아닙니다. 그런 **이야기의 재미**를 찾는 분들은『나니아

산드로 보티첼리(Sandro Botticelli, 1445-1510), 「봄의 우화」(*Primavera*).

연대기』가 그다지 흥미롭지 못할 수 있고, 또 왜 아이들이, 또 어떤
어른들이 『나니아 연대기』를 그렇게 좋아하는지 잘 이해하지 못할
것입니다. 『나니아 연대기』를 읽고 난 다음 우리에게 남는 것은 사실
하나입니다. 바로 **나니아**라는 공간, 그것입니다. "나니아(같은 나라)에
가보고 싶다" 하는 것입니다.

특별한 종류의 갈망

나니아는 우리 안에 어떤 **그리움**을 일으킵니다. "모든 나무는
님프이고, 모든 행성은 신神인" 어떤 공간을 향한 그리움 말입니다.
나니아는 나무가 춤을 추고, 별들이 노래하고, 동물들이 말을 하는
나라입니다. 그야말로 만물이 살아 생동하는 나라입니다. 나니아는
'신들로 가득한 세계', '주술에 걸린'enchanted 세계입니다.

　그런데 앞서 말했듯이, 루이스는 우리가 고대의 '주술에 걸린'
세계로 돌아가야 한다고 믿었던 것은 아닙니다. 루이스는 자신이
페어리테일을 쓴 이유는 자신이 "가장 말하고 싶은 바를 가장 잘
말할 수 있는 장르"가 페어리테일이라서 그렇게 한 것이라고,
페어리테일이 담아낼 수 있는 어떤 **형이상학적 비전**과, 그리고
페어리테일이 일으켜 주는 어떤 특별한 종류의 **갈망** 때문에 그렇게
한 것이라고 말합니다.[3]

　「영광의 무게」라는 유명한 글에서 루이스는 "미학 서적들은
별로 주목하지 않지만 시인들과 신화들은 다 잘 알고 있"는 어떤
것이 있다고 말합니다. 흔히 우리는 인간에게는 아름다운 것을 보고

싫어 하는 미적 갈망이 있다고 말합니다. 맞습니다. 그런데 루이스에 따르면, 인간의 미적 갈망에는 더 깊은 차원이 있습니다.

> 우리가 원하는 건 단순히 아름다움을 '보는' 것이 아니다. 비록, 아름다움을 볼 수 있다는 것만 해도 충분한 축복이기는 하지만, 우리가 진정으로 원하는 것은, 말로 표현하긴 어렵긴 하지만, 단순히 아름다움을 보는 것 이상의 것으로서, 우리는 우리가 보는 그 아름다움과 자신이 하나가 되고, 그 아름다움 속으로 자신이 들어가고, 그 아름다움을 자신 속으로 받아들이고, 그 아름다움 속에 온통 잠기고, 자신이 그 아름다움의 일부가 되는 것을 원하는 것이다. 이것이 바로, 인간들이 하늘과 땅과 강과 바다와 호수를 온통 무슨 신들, 여신들, 님프nymph, 꼬마 요정 같은 것들로 채워 놓은 이유이다. 즉, 인간들은 자신들의 갈망을 밖으로 투사하여, 자연이라는 이미지를 통해 나타나고 있는 어떤 아름다움, 우아함grace, 힘 등을 그 자신 스스로 가지고 있는 존재들을 만들어 낸 것이다. 또 이것이 바로 시인들이 우리에게 그렇게 사랑스러운 거짓말을 하고 있는 이유이기도 하다.**4**

그러니까 인간은 단순히 자연의 아름다움을 눈으로 감상하고 싶어 하는 것이 아니라, 그 아름다움과 내가 하나가 되고 싶어 한다는 것입니다. 그 아름다움을 내 안으로 받아들이고, 내 자신이 그 아름다움의 일부가 되고 싶어 한다는 것입니다. 다시 말해, 그 아름다움에 내가 몸소 **참여**하고 싶어 한다는 것입니다.
　이것이 인간의 미적 갈망의 심부에 자리하고 있는 영적

인간은 단순히 자연의 아름다움을
눈으로 감상하고 싶어 하는 것이 아니라,
그 아름다움과 내가 하나가 되고 싶어
한다는 것입니다.

갈망이고, 이러한 영적 갈망으로 인해 인간들은 강의 신, 숲의 님프, 꽃의 요정 등을 지어냈다는 것입니다. 가령 강의 신은 강의 위엄을, 숲의 님프는 숲의 신비를, 꽃의 요정은 꽃의 아름다움을 **몸소 지니고 있는** 존재들입니다. 다시 말해, 자연이라는 이미지를 통해 비치는 창조자의 영광, 그 "아름다움과 우아함과 힘"에 몸소 참여하고 있는 존재들인 것입니다. 그런데 인간은 그런 존재가 못 됩니다. 그래서 인간은 그런 존재가 못 되기에 그런 존재를 지어낸다는 것입니다. 그런 존재가 되고 싶기 때문입니다. 그런 영적 갈망이 인간의 영혼 가장 깊은 곳에 자리하고 있기 때문입니다.

　　루이스가 지어낸 세계, 나니아는 그와 같이 신의 "아름다움과 우아함과 힘"이 모든 창조물에게 비치고, 또 모든 창조물을 통해 비춰 나오는 세계, 공간입니다. 곧 『나니아 연대기』는 세계를 그렇게 자연이 창조자의 영광이 비치는 이미지인 장소로 보는 루이스의 형이상학적 비전의 문학적 체현입니다.

예기치 못한 '기쁨'

'사랑스러운 거짓말' lovely falsehoods인 페어리테일은 사실, 문학사에서 신화와 깊은 관련이 있는 장르입니다. 페어리테일은 신화 같은 mythopoetic 동화로서, 우리 안에 특별한 종류의 그리움을 일으켜 주는 이야기입니다. 루이스는 어려서부터 신화 읽기를 즐겼습니다. 신화에 담긴, 신화가 일으키는 어떤 그리움에 이끌렸기 때문입니다. 루이스는 신화를 읽을 때 종종 자신을 찾아와 압도하곤 하던 그리움을 일컬어 'Joy'(기쁨)이라고 명명했습니다.

루이스는 아우구스티누스의 『고백록』과 같은 영적 자서전, 회심기를 썼는데, 그 책의 이름을 『예기치 못한 기쁨』*Surprised by Joy*이라고 붙였습니다. 그 책에서 루이스는 그 특별한 종류의 그리움, 곧 'Joy'가 자신을 찾아왔던 경험들을 묘사하고 있습니다.

첫 번째 경험은, 루이스가 자신의 어린 시절 추억 하나를 떠올리면서 하게 된 체험입니다. 어렸을 적 어느 여름날 루이스의 형이 양철통 뚜껑에 이끼를 덮고 잔가지와 꽃들로 장식해서는 그 장난감 동산을 놀이방으로 들고 들어온 적이 있었는데, 시간이 좀 흐르고 어느 날 루이스는 그 장면을 문득 떠올리면서 어떤 체험을 하게 됩니다.

> 그때 내게 덮쳐왔던 감각을 제대로 표현할 말을 찾기란 쉽지 않다. 밀턴이 말한 에덴의 "어마어마한 희열"enormous bliss 정도가 그나마 적당한 말일 것이다. 물론 그건 어떤 갈망에 따르는 감각이었다. 그런데 대체 무엇을 향한 갈망이었단 말인가?……무엇을 갈망했던 것인지도 깨닫기 전에 그 갈망 자체가 홀연히 사라져 버렸고, 희미하게나마 감지했던 것들도 모조리 사라지고는, 세상은 다시 평범한 곳으로 돌아갔다.

또 다른 경험은, 루이스가 롱펠로Henry Wadsworth Longfellow, 1807-1882의 시집에서 「텡네르의 드라파」Tegner's Drapa라는 시**5**의 첫 구절을 읽었을 때인데, 그 구절은 이렇습니다.

외치는 소리가 들렸네,
아름다운 자, 발데르가
죽었도다, 죽었도다—

루이스는 말합니다.

나는 발데르에 대해 아는 바가 전혀 없었다. 그런데도 나는 즉시
광활한 북구의 창공 위로 둥실 떠올라, 뭔가 차갑고 광활하고
혹독하고 창백하고 아득한 것 cold, spacious, sever, pale, and
remote이라고밖에는 달리 묘사할 길이 없는 무언가를 가슴이
아릴 정도로 간절히 갈망하게 되었다. 그리고 이전의 두 경우에
그러했듯이, 바로 그 순간 그 갈망에서 툭 떨어져 나와 다시 그
갈망으로 되돌아가기를 바라게 되었다.

루이스는 자신이 말하는 이런 일화들에 전혀 흥미를 느끼지 못하는
독자라면, 자신의 자서전을 더는 읽을 필요가 없다고 말합니다.
왜냐하면 그의 인생의 중심 이야기가 바로 그런 'Joy' 체험이기
때문입니다.
　루이스가 말하는 이 'Joy', 기쁨은 사실, 기쁨이나 즐거움보다는
차라리 슬픔이나 **아픔**에 가까운 무엇이었습니다. 누리는enjoy
무엇이라기보다는 **겪는**suffer 무엇이었습니다. 영혼을 압도해 오는
어떤 허기, 어떤 갈증 같은 것이었습니다.
　그런데 신기한 것이 있습니다. 이 허기, 이 갈증은 이 세상 그
어떤 배부름이나 만족보다도 인간의 영혼을 매료시킵니다. 사정없이

하인리히 포겔러(Heinrich Vogeler, 1872-1942)의 그림 「동경」(Sehnsucht/Träumerei).

영혼을 후벼 파는 허기요 갈증인데, 그런데 이상하게도, 우리 영혼은
이 허기, 이 갈증에 대해 전혀 몰랐던 때로 결코 돌아가고 싶어 하지
않습니다. 이 허기, 이 갈증을 모르고 사느니, 차라리 이 허기,
이 갈증을 껴안고 죽고 싶어 합니다. 그래서 루이스는 이 'Joy'를
이렇게 정의하기도 했습니다.

> 어떤 충족되지 못한 갈망, 그런데 다른 어떤 충족보다도
> 더 갈망의 대상이 되는 갈망.
> It is that of an unsatisfied desire which is itself more
> desirable than any other satisfaction. **6**

가슴을 벅차게 만들면서도 동시에 아리게 만드는, 황홀감과
소외감을 동시에 가져오는 이런 그리움이 루이스의 삶과 작품 세계
전체의 '라이트모티프'Leitmotif, 주제 선율이었습니다.
　어떻습니까? 여러분은 루이스가 말하는 이 'Joy'라는 그리움이
어떤 걸 말하는지 아시겠습니까?
　루이스는 모든 사람 안에 이런 정의하고 묘사하기 어려운 동경,
초월적 동경, 영적 그리움이 자리하고 있고, 이 동경, 그리움이
우리를 신에게로 인도하는 한 길이 될 수 있다고 생각합니다. 루이스
자신이 무신론자였다가 기독교인이 되는 여정에 이러한 동경憧憬과
그리움이 중요한 역할을 했습니다. 루이스가 기독교 신앙으로
회심한 지 1년 정도 되었을 때 집필한 책인 『순례자의 귀향』The Pilgrim's
Regress은 루이스 자신이 걸었던 그런 영적 여정을 알레고리 형식으로
말해 주는 작품입니다. 주인공 존은 어떤 '섬'을 동경해 길을 떠나고,

그 길에서 온갖 캐릭터들을 만나 철학적, 영적 대화를 나누는데,
이는 자신 안에 있는 그 알 수 없는 동경과 그리움의 원천과 대상을
찾아 나선 그의 철학적 영적 궤적을 보여주는 여정이었습니다.
루이스는 신을 믿기 전에 먼저 **초월**을 동경했습니다. 다시 말해,
그는 하나님을 믿기 전에 먼저 **하늘**을 동경하고 그리워했고, 그리고
그런 그리움과 동경의 길에서 하늘이신 님을, 신을 만나게 됩니다.

다음 장들에서는 이러한 초월적 동경과 그리움이 갖는 종교적,
철학적, 지식 사회학적 의미 등에 대해 탐구해 보겠습니다.

쌍둥이,
주술과
과학

설국雪國, 나니아

『나니아 연대기』에서 루시가 디고리 교수의 다락방 옷장을 통해
나니아에 처음 들어가 보게 되었을 때, 그 나라는 온통 눈으로
뒤덮인 나라였습니다. 루시가 나니아에서 처음 만나게 된 인물은
툼누스였습니다. 툼누스는 허리 위쪽은 사람 모습이지만 아래쪽은
발굽이 달린 염소 다리를 가진 반인반수半人半獸였는데, 목에는 빨간
털목도리를 두르고 있었고, 한 손에는 우산을 들고 있었고, 다른
한 손으로는 갈색 종이로 싼 꾸러미 몇 개를 들고 있었습니다.
그 꾸러미들과 하얀 눈을 보면서 루시는 크리스마스를 떠올렸지만,
툼누스는 루시에게 나니아는 오래 전부터 "크리스마스도 없이
겨울만" 계속되고 있다고 우울한, "멜랑콜리한" 목소리로 말해
줍니다.

하얀 마녀White Witch가 그렇게 나니아를 동토凍土의 땅으로,
설국으로 만들어 버린 것이었습니다. 마녀는 크리스마스를 비롯한
모든 축제를 금지하고, 자신에게 거역하는 존재들은 모두 석상으로
만들어 버리는 존재였습니다.

하얀 마녀의 지배를 받고 있던 나니아는 사시사철 눈으로
뒤덮인 나라, 그래서 만물이 색을 잃어버린 곳, 더는 나무들이
노래하고 별들이 춤추지 않는 나라였습니다. 살아 움직이던 모든
존재들이 마녀의 주술에 화석화되어 버린 나라, "풍부하고 생동했던
우주"가 상실된 "텅 빈 우주"였습니다.

근대 과학과 마법

눈 덮인 나니아, 설국이 되어 버린 나니아는 탈주술화된 현대 세계를 상징한다고 볼 수 있습니다. 빛깔과 생명, 춤과 노래, 'fullness'를 잃어버린 세계 말이지요.

그렇다면 나니아에게서 빛깔과 생명, 춤과 노래, 'fullness'를 앗아가 버린 그 하얀 마녀는, 그녀의 악한 주술은 무엇을 뜻할까요?

베버의 탈주술화 담론을 따라 많은 이들은 세계를 결정적으로 탈주술화시킨 건 '과학'이었다고 말합니다. 그리고 그들은 근대 역사를 전근대 시대 마법에 대한 근대 과학의 승리의 역사로 봅니다. 근대 과학혁명을 통해 세계로부터 비로소 마법이, 마법의 잔재가 온전히 제거되기에 이르렀다는 것입니다.

하지만 역사를 보다 면밀하게 들여다보는 학자들에 따르면, 마법과 과학의 관계는 사실 그렇게 단순하지 않습니다. 사실 초기 근대 문화에서 마법과 과학은 병립했습니다. 근대 과학의 영웅, 뉴턴Issac Newton, 1643-1726이 연금술에 관심이 있었던 것은 잘 알려진 사실입니다. 뉴턴은 심지어 '마지막 마술사'라고 불리기도 합니다. 브루노Giordano Bruno, 1548-1600, 베이컨Francis Bacon, 1561-1626, 케플러Johannes Kepler, 1571-1630, 보일Robert Boyle, 1627-1691 등 초기 근대의 기라성 같은 과학자들은 지금 우리 눈에는 **주술적**이나 **미신적**으로 보일 행위와 실험들을 **과학**이라는 이름으로 행했습니다.

프랜시스 예이츠Frances Yates, 1899-1981라는 저명한 과학사학자가 있습니다. '르네상스 과학에서의 헤르메스 전통'을 연구한 중요한 논문들을 통해 '르네상스 시대 마술사가 17세기 과학자의 직속

뉴턴의 연금술 노트.

선배'라고까지 주장하기도 합니다.[1] 예이츠의 이런 주장을 과학사학계에서는 '예이츠 테제' Yates Thesis 라고 부르는데, 이 테제를 100퍼센트 그대로 수용하는 학자들은 적지만 오늘날 많은 역사학자들은 우리가 지금 과학이라고 부르는 것이 부분적으로 초기 근대 마법 행위에서 발전되어 나왔다는 사실을 두루 인정합니다.[2]

마법의 두 종류

르네상스와 초기 근대에 대한 면밀한 관찰자였던 루이스도 초기 근대에 마법과 과학이 서로 대립하는 활동이었다고 보는 것은 시대착오적인 관점이라고 말합니다. 루이스는 "중세 시대에는 마법이 거의 없었다"고 말하고, 오히려 "16세기와 17세기야말로 마법이 최고 절정에 이른 시기였다"고 주장합니다.[3]

문학사학자로서, 케임브리지 대학에서 중세와 르네상스 영문학 초대 주임 교수였던 루이스는 중세 시대 문학 작품 속의 마법 이야기와 르네상스 시대 문학 작품 속의 마법 이야기를 비교해 줍니다. 중세 문학에 나타나는 마법은, 가령 아서 왕 전설에 나오는 마법사 멀린 Merlin의 마법처럼 다분히 요즘 말로 '판타지스러운' 그런 마법이었습니다. 요정 이야기, 곧 페어리테일에 나올 법한 그런 마법이었습니다.

그런데 르네상스 문학에 이르러서는 마법 이야기의 성격이 달라집니다. 스펜서 Edmund Spenser, 말로우 Christopher Marlowe, 채프먼 George Chapman, 셰익스피어 William Shakespeare 등의 르네상스

문학에 묘사되는 마법은 대단히 **과학적인** 분위기를 풍기는, 과학
활동 같은 그런 마법이었습니다. 그런 문학 작품 속의 마법사는
서재에 들어가서 두꺼운 책을 펼쳐 놓고, 또 뭔가 실험 도구 같은
것들도 갖춰 놓고 마법을 연구하고 실행합니다.

중세 시대의 멀린 같은 마법사는 고대의 **현자**賢者 같은 분위기를
풍기는 존재였다면, 르네상스 시대 마법사는 현대의 **과학자** 같은
분위기를 풍기는 존재였습니다. 중세 문학에서는 마법은 기사도
이야기처럼 로맨스 문학 속 문학적 장치였던 반면, 르네상스 문학
속의 마법 행위는 정말 현실 세계 어디선가 행해지고 있을 것도 같은
그런 행위였습니다.**4**

루이스는 '이것은 마법의 꽃이야. 이걸 가지고 있으면 일곱 개의
문이 너를 향해 저절로 열릴 거야' 할 때와 같은, 혹은 '이것은 마법의
동굴이다. 이 안으로 들어가는 자는 젊음을 되찾게 되리라' 할 때와
같은 그런 페어리테일 스타일의 마법과, 자연을 '컨트롤'하려는
시도로서의 마법, 자연을 지배하고 조작하려는 기술로서의 마법을
구분합니다.

루이스는 후자 의미의 마법, 곧 자연을 지배하고 조작하려는
시도와 기술로서의 마법에 빠져 있던 시대는, 사실 중세가 아니라
초기 근대였다고 말합니다. 더 나아가, 루이스는 마법과 과학은 사실
같은 부모에서 나온 '쌍둥이'였다고 말합니다. 앞서 소개해 드린
『인간 폐지』라는 문명 비판서에서 루이스는 이렇게 말합니다.

진지한 마법적 노력과 진지한 과학적 노력은 쌍둥이입니다.
전자는 병약해서 죽었고 후자는 강해서 번성했습니다만, 그들은

쌍둥이입니다. 그 둘은 동일한 충동에서 태어났습니다. 물론 초기 과학자들 중에는 (분명 전부는 아닙니다) 지식에 대한 순수한 사랑으로 연구한 사람도 있음을 인정합니다. 그러나 그 시대의 전체적인 분위기를 생각해 본다면, 제가 말하는 그 충동이 무엇을 의미하는지 분별할 수 있습니다.**5**

리비도 도미난디

마법이 최고 절정에 이른 시기이자 과학이 탄생했던 시기였던 초기 근대의 '전체적인 분위기', 그리고 그 시대 마법 활동과 과학 활동을 추동했던 그 '충동'이란 무엇을 말하는 것일까요?

모더니티를 비판하는 현대의 많은 사상가들처럼, 루이스는 그것이 '힘에 대한 사랑'이었다고 말합니다. '리비도 도미난디'*libido dominandi*라는 라틴어 표현은, 힘에 대한 사랑, 지배욕을 뜻하는데요, 초기 근대는 가히 '리비도 도미난디'(지배욕)에 지배되었던 시대였습니다.

지금 우리가 '(자연)과학'nautral science이라고 부르는 것은 고대와 중세에서는 '자연철학'natural philosophy이라 불렸습니다. 자연철학에서 자연과학이 나온 것이지만, 둘은 많이 다릅니다. 루이스에 따르면, 옛 자연철학이 추구했던 것은 **지식·진리** 자체였던 반면, 탄생 시기의 과학이 추구했던 것은 **힘**이었습니다. 자연을 지배할 수 있는 힘 말입니다. 루이스가 "새로운 시대의 중심 나팔수"였다고 평가하는 베이컨Francis Bacon은 유명한 말을 남겼습니다. '아는 것이 힘이다.'

본래 맥락에서 이 말이 의미하는 바는, 자연에 대해 잘 알면, 자연을 지배할 수 있는 힘을 갖게 된다는 뜻이었습니다. 베이컨에게 있어 안다는 것은 **마스터**한다는 것이었던 것입니다. 어떤 것을 안다는 것은 그것을 지배할 수 있다는 것, 앎의 대상인 그것을 파악해서 장악할 수 있다는 것이었습니다.**6**

초기 근대 마법과 과학이 '쌍둥이'였다고 말하는 루이스는 "마법사 성격과 과학자 성격이 결합되어 있"는 인물로 파라켈수스Paracelsus Philippus Paracelsus, 1493-1541같은 인물들을 예로 드는데,『나니아 연대기』에는 이렇게 "마법사의 성격과 과학자의 성격이 결합되어 있는" 한 인물이 등장합니다. 바로 앤드루 삼촌입니다.

앤드루 삼촌은 연대기적으로는『나니아 연대기』의 첫 권이라고 할 수 있는『마법사의 조카』에 등장하는 인물인데, "여러 가지 마법을 배우는" 일에 몰두하고 있는 앤드루 삼촌은 다락방 연구실에서 현미경 등을 갖춰 놓고 동물을 가지고 잔인한 실험을 하는 인물입니다. 그가 추구하는 것은 자연을 지배할 수 있는 힘이며, 그 광적인 추구 과정에서 그는 결국 제이디스, 그 진짜 마녀를 현실 세계에 불러들이게 됩니다. 앤드루 삼촌을 보고는 그 마녀는 이렇게 말합니다,

흥, 너도 마법사 나부랭이긴 하군.…… 시시껄렁한 마법사지. 법칙이나 책에 의존해서 마법을 쓰는 그 따위 마법사 말이야. 네 피와 마음에는 진짜 마법이 존재하지 않아(『마법사의 조카』6장).

물론 루이스가 과학과 마법을 동일시하는 것은 아닙니다. 루이스는 "현대 과학의 기초를 다진 이들은 대개가 힘에 대한 사랑보다는 진리에 대한 사랑이 컸던 사람들이었"다고 말합니다. 그러나 과학 운동은 "건강하지 못한 이웃 가운데서, 또 불운한 시간에" 태어났고, "너무 빨리 성공을 거두었고 또 너무 큰 대가를 치렀"으며, 그리하여 이제 "근본적인 재고, 일종의 회개가 요구되는 시점"에 이르렀다고 말합니다.

　루이스는 모더니티의 자기 이해 도구로 활용되는 탈주술화 담론을 일정 부분 뒤집습니다. 앞서 보았듯이, 막스 베버와 또 그를 이은 많은 이들이 인류 역사를 인간 사고와 행위로부터 마법이 점진적으로 제거되어 온 과정으로 보지만, 인류 역사를 그렇게 마법이 제거되어 온 과정으로만 보는 것은 진실에 부합하지 않습니다. **오히려 초기 근대야말로 마법에 매료되었던 시기**였고, 그 시기 탄생한 과학의 뿌리에는 그 시대정신이자 마법의 근본 욕망이었던 '리비도 도미난디'가 일종의 원죄처럼 도사리고 있습니다.

　나니아를 설국으로 만들어 버린 그 하얀 마녀의 '매직'은 자연을 자기 뜻대로 지배하고 조작하려고 하는 시도, 기술, 테크놀로지 technology로서의 '매직'을 뜻합니다. 마법사 성격과 과학자 성격이 결합되어 있는 앤드루 삼촌의 '매직'도 그 하얀 마녀의 마법의 아류라고 할 수 있습니다. 루이스는 말합니다.

　　마법과 응용과학을 함께 묶어 주며, 그 둘을 이전 시대의 '지혜'와 구별해 주는 무언가가 있습니다. 과거 현인들의 중심 과제는 어떻게 영혼을 실재에 순응시키느냐는 것이었고,

곧 과학주의는 오늘날
종교가 되어 버렸습니다.

그 해결책으로 제시된 예가 바로 지식, 자기 훈련, 덕 같은
것이었습니다. 그러나 마법과 응용과학의 중심 과제는 어떻게
실재를 사람들의 욕망에 굴복시키느냐는 것이고 그 해결책은
바로 기술입니다. **7**

마녀의 손

루이스가 과학 자체를 반대한 것은 물론 아니었습니다. 루이스가
반대한 것은 현대인의 종교가 되어 버린 과학, 곧 **과학주의** scientism
였습니다. 과학주의는 세상 모든 것을 인간이 마스터해야 할
대상으로 보는 눈입니다.

　사실 눈이 아니라 손입니다. 과학주의는 세상 모든 것을 인간의
욕망을 위해 파악하고 장악하려 하고, 여기서 **파악, 장악**이라고 할 때
'**악**'은 한자로 쥘 악握, 곧 손으로 잡아 쥔다는 뜻입니다. 과학은 본래
자연철학이라고 불렸는데요, 철학은 본래 **눈**입니다. 세계, 곧
코스모스의 질서와 아름다움을 관조하고 세계에 대한
관조적 contemplative 지식을 추구하는 활동이었습니다. 하지만
자연철학의 정신을 잃어버린 과학, 곧 과학주의는 눈이 아니라
손입니다. 세계를 인간의 욕망을 위해 좌지우지하고, 주무르고,
휘두르려고 하는 손 말입니다. 그 손은 자신이 만지는 모든 것을
'석상'으로 만들어 버립니다. 나니아를 만물이 자기 색깔과 목소리와
생명을 잃고 살아가는 설국으로 만들어 버린 그 하얀 마녀처럼
말이지요.

무지개를
풀다

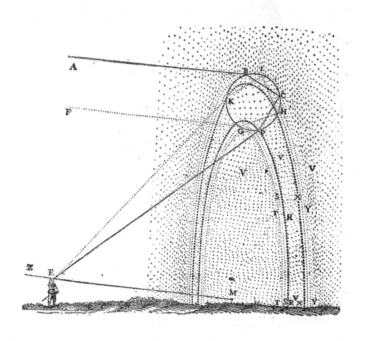

무지개가 만들어지는 원리를 설명하기 위해 데카르트가 그린 스케치.
『방법서설』(*Discours de la méthode*, 1637)에 실린 삽화.

차가운 철학

워즈워스와 동시대를 살았고 마찬가지로 낭만주의 시인이었던
존 키츠 John Keats, 1795-1821 의 시 중에 「라미아」라는 시가 있습니다.

> 모든 매력은
> 차가운 철학의 손길이 살짝 닿기만 해도 날아가 버리지 않는가?
> 한때 하늘에는 경이로운 무지개가 있었으나
> 이제 그녀의 재료와 구조를 속속들이 알게 된 우리에게는
> 그녀는 그저 평범한 것들의 지루한 목록 속에 있다.
> 철학은 천사의 두 날개를 잘라 버릴 것이며
> 자와 줄로 모든 신비를 정복해 버리리라.
> 대기에서 요정을, 대지에서 정령을 모조리 몰아낼 것이며
> 무지개를 풀어 버리고 말리라.
> 상냥한 라미아를 희미한 그림자로 만들어 사라지게
> 만들었듯이. **1**

"모든 매력은 차가운 철학의 손길이 살짝 닿기만 해도 날아가 버리지
않는가?" 여기서 키츠가 말하는 "차가운 철학"cold philosophy이란,
현대 자연과학의 한 원류인 근대 자연철학을 말합니다. 베이컨,
데카르트 René Descartes, 1596-1650, 뉴턴 등, 초기 근대의 자연철학자들은
자연 세계를 이전 시대 (자연)철학자들과 다른 눈으로 보기
시작했습니다. 그들은 자연을 하나의 거대한 복잡한 **기계**로
보았습니다. 소위 '기계론적 철학'mechanica philosophia인데, 세상을

일종의 메커니즘으로 보는 이러한 철학이 세계를 있는 그대로, 사실 그대로 바라보는 정확한 세계관으로 자리 잡았습니다. 이 세계관에 따르면 세계는 정교한 톱니바퀴들이 맞물려 돌아가는 거대한 시계 같은 것이었습니다.

이런 세계관이 곧장 무신론으로 이어진 것은 아니었습니다. 세계를 정교한 톱니바퀴들이 맞물려 돌아가는 거대한 시계로 본다고 해서 신이 설 자리가 단번에 없어지는 것은 아닙니다. 이 **과학적** 세계관에서 신은 자연이라는 이 거대하고 정교한 시계를 만들어 낸 **위대한 시계 제작자**watch-maker로서 위상을 유지했습니다. 달리 말하면, 그저 명맥을 유지했다고도 말할 수 있습니다. 근대 과학혁명은 세계에서 신을 단번에 축출해 내진 못했고, 또 그럴 의도가 없었다고 할 수 있습니다.

무지개를 풀다

하지만 시인 키츠는 갈파하고 한탄합니다. 세상 돌아가는 이치를 일종의 기계 메커니즘으로 보는 이 새로운 세계관은 세계로부터 "모든 매력"all charms을 축출해 낸다고 갈파하고 한탄합니다. "모든 매력은 차가운 철학의 손길이 살짝 닿기만 해도 날아가 버리지 않는가?"에서 'charm'은 **마력**이나 **마법**을 뜻하기도 합니다. 사실 매력魅力, 마력魔力, 마법魔法은 서로 깊이 연관되어 있습니다. 키츠는 베이컨, 데카르트, 뉴턴의 "차가운 철학"은 세계로부터 마법magic을, 매력을 제거한다고 한탄합니다. **이제 세계는 더는 '매지컬한'**magical

곳이 못 됩니다.

"한때 하늘에는 경외스러운awful 무지개가 있었[다]." 하늘에 걸린 무지개를 볼 때면 사람들은 경외awe를 느꼈습니다. 그러나 이제 무지개는 "평범한 것들"common things 중 하나일 뿐입니다. "무지개는 평범한 것들의 지루한 목록 속에 있다." 별것 아닌 것이 되었다는 것입니다.

무지개가 별것 아니라는 사실을 사람들에게 각인시켜 준 이가 바로 데카르트와 뉴턴입니다. 데카르트는 빛의 굴절 법칙으로 무지개의 원리를 수학적으로 설명해 냈습니다. 뉴턴은 프리즘 실험을 통해 무지개 스펙트럼을 사람들 눈앞에서 만들어 내기도 했습니다. 이렇게 해서, 무지개는 헤브라이즘에서 말하는 **신의 약속의 증표**(『성서』「창세기」9:13-17)도, 헬레니즘에서 말하는 **신들의 메신저**Iris도 아닌, 그저 **자연 현상**에 불과한 것이 되고 말았습니다. "그 재료와 구조를 속속들이 알게 된" 우리에게 이제 무지개는 더는 신비한 것이 되지 못합니다. "자와 줄"rule and line, 곧 과학적 접근법은 점차 "모든 신비를 정복"할 것이며, 하늘에서 천사를 떨어뜨리고, 대기에서 요정을, 대지에서 신령을 모조리 몰아내 버릴 것이라고 키츠는 한탄합니다. "철학은", 곧 과학은 "무지개를 풀어 버리고" 말 것이라고 한탄합니다.

과학이 "무지개를 풀어 버리고"unweaving the rainbow 말 것이라고, 다시 말해 세상에서 경이를 앗아가 버릴 것이라고 예언했던 시인 키츠의 말을 '틀렸다'고 반박하는 과학자가 있습니다. 바로 『이기적 유전자』라는 책으로 유명한 영국의 생물학자 리처드 도킨스입니다. 키츠의 시구를 제목으로 삼은 자신의 책 『무지개를 풀며』Unweaving the

프리즘 실험을 하는 뉴턴.
J. A. 휴스턴(John Adam Houston, 1812-1884)의 판화(1870).

*Rainbow*에서 도킨스는 키츠를, 과학에 무지하고 과학을 오해한 몽매한 낭만적 반反과학주의자의 전형으로 제시합니다.

도킨스는 주장합니다. 키츠의 말은 과학과 경이가 양립불가하다는 것인데, 이는 무지와 오해의 소치에 불과하다는 것입니다. 오히려 과학의 발달과 그로 인한 지식의 증대는 우리로 하여금 세계를 더욱 더 경이로운wonderful 곳으로 보게 만들어 준다는 것입니다.

과학이 가져다줄 수 있는 경이로움의 감정은 인간 정신이 닿을 수 있는 최상의 경험 중 하나이다. 그 깊은 예술적 감동은 최상의 음악과 시가 가져다주는 것과 비견된다.

블레이크를 기독교적인 신비주의자로, 키츠를 아르카디아 신화로, 예이츠를 페니언과 요정으로 이끈 경이로움의 정신이 바로 위대한 과학자들을 움직이는 정신과 동일하다는 것이 나의 논지이다. 이 정신이 과학의 모습으로 시인들에게 불어넣어졌다면 더욱 위대한 시를 창조해 내는 영감이 되었을 것이다. **2**

초월의 암시로서의 경이

과학과 경이는 양립할 수 있고, 오히려 과학 지식이 세계를 더 경이의 눈으로 보게 해준다는 도킨스의 말은 옳은 말일까요? 무지개의 원리를 이해하면 이해할수록 오히려 무지개를 더 경이롭게 느낄 수 있다는 사실을 이해하는 사람이라면, 또 칼 세이건의 『코스모스』 같은 책을 좋아하는 사람이라면, 도킨스의 말이 틀리지 않았다고 생각할 것입니다. 실제로 많은 일류 과학자들은 이 우주를 알면 알수록 더욱 경이를 느끼게 되노라고 고백합니다.

하지만 영국 신학자 알리스터 맥그라스Alister McGrath는 도킨스가 키츠를 크게 오해했다고 여깁니다. 키츠는 단순한 반反과학주의자가 아니었습니다. 통념과 달리, 근대 낭만주의자들은 과학에 대해 열린 태도를 보였습니다.❸ 키츠는 자연법칙을 규명하는 과학 자체를 반대한 것은 아니었습니다. 키츠가 반대했던 것은 철학적 세계관으로서의 과학, 곧 **과학주의**scientism였습니다. 과학주의란, 실재하는 모든 것은 과학의 대상이 되며 과학의 대상이 되는 것만이 실재한다는 세계관을 말합니다.

보다 구체적으로 말해 보자면, 키츠가 슬퍼했던 것은 사람들이 더는 자연을 "더 큰 실재를 가리키는 표징"a sign of a greater reality으로 보지 않게 되었다는 사실이었습니다. 이전 시대 사람들에게 자연은 자연 너머의 실재(초월)를 가리켜 주는 사인sign이었습니다. 그래서 의미심장한sign-ificant 것이었습니다. 무엇이 의미심장하다, 의미롭다는 것은 그것이 다른 무언가를 가리켜 주는 표징 역할을 한다는 뜻이었습니다. 그렇게 그들에게 무지개는 단순히 'wonderful'한 자연현상이 아니었습니다. 무지개의 'wonder', 코스모스(우주)의 'wonder'는 그들로 하여금 초월적 세계를 힐끗 보게 해주는 무엇이었습니다.❹

다시 말해, 경이는 단순한 미적 체험이 아니라 **존재론적 함의**를

가진 체험이었습니다. 키츠에게 경이는 '우리가 다 알아 버릴 수
없는 더 큰 세계가 있다'는 사실을 깨닫는 경험이었습니다. **초월의
암시** intimations of transcendence 로서의 경이였습니다.

　　도킨스가 말하는 경이란 뭔가 멋진 것 앞에서 "와~" 하는
감탄 admiration 정도를 뜻합니다. 하지만 초월의 암시로서의 경이는
감탄보다 훨씬 깊은 무엇입니다. 경이와 비슷한 말로 경외 awe가
있지요. 경외처럼 경이도 **신비**에 대한 우리의 반응을 일컫는
말입니다. 신비 앞에서 인간이 느끼는 감정이자, 신비를 만날 때
인간이 하게 되는 체험입니다.

　　신비를 만날 때, 사람은 어떤 체험을 하게 될까요? 진짜 신비와
맞닥뜨린 인간은 그저 "와~" 하게 되지 않고, "헉!" 하게 됩니다.
진짜 신비와 맞닥뜨린 인간은 "와~" 하고 숨을 내뱉게 되지 않고,
"헉!" 하고 숨이 멎게 됩니다.

철학의 시원으로서의 경이

경이는 '현전의 형이상학' the metaphysics of presence 을 해체시킵니다.**5**
'현전의 형이상학'이란 현전 presence, 곧 **지금 내 눈 앞에
있음** Vorhandensein 을 존재와 동일시하는 것을 말합니다. 존재한다는
것은 내 눈에 보인다는 것이고, 내 눈에 보인다는 것이 곧
존재한다는 것입니다.

　　하지만 경이는 이런 현전의 형이상학을 전복시킵니다. 경이
체험은 우리로 '깨닫게' 해줍니다. 현전이 곧 존재 Being는 아닙니다.

경이는 '우리가 다 알아 버릴 수 없는
더 큰 세계가 있다'는 사실을 깨닫는
경험이었습니다.

지금 내 눈 앞에 있는 것이 존재의 전모는 아닙니다. 경이는 현전을 넘어서는(혹은 넘나드는!) 존재의 신비를 일별하게 되는 경험이며, 그래서 어떤 철학자는 이를 "역逆경험"counter-experience이라고 부르기도 합니다.**6** 경이라는 이 경험은, 우리가 뭔가를 알게 되는 경험이 아니라 내가 뭔가 모르고 있다는 사실을 알게 되는 경험aporia이기 때문입니다. 우리는 지금 내 눈앞에 있는(현전하는) 그것이 무엇인지를 이제 모르게 됩니다. 그래서 우리는 묻게 되지요.

이게 뭐지?

사실 이런 물음, 이런 경험, 혹은 역逆경험이 실은 철학의 시원始原입니다. 소크라테스·플라톤은

철학은 경이에서 시작한다. **7**
Philosophy begins in wonder.

라고 말했습니다.

그런데 철학자에게 경이는 사실 자신의 **존재 기반을 흔드는** 체험입니다. 철학자는 뭔가를 안다고 자처하는 사람인데, 경이는 내가 실은 아무것도 모른다는 사실을 알게 되는 경험이기 때문입니다. 자신의 무지를 깨닫는 경험이기 때문입니다.

소크라테스가 철학은 경이에서 시작한다고 했을 때 이 시작이라는 말은 그리스어로 **'아르케'**arche인데, 이는 철학의 **원리**라는 말입니다. 경이는 철학의 알파와 오메가라는 것입니다.

그런데 소크라테스의 후예 중 많은 이들은 경이를 그저 철학의 시원이 아니라, **그저 '시작점'**beginning으로 축소시켜 길들이려는 시도를 해왔습니다. 다시 말해 경이란 그저 무지 상태이고, 그렇기에 철학의 출발점이 될 수는 있지만, **목적지**end는 아니라는 것입니다. 철학의 목적은 지식을 획득해 경이라는 무지 상태에서 벗어나는 것이라고 그들은 생각했습니다.**8**

경이와 근대 과학

키츠는 과학과 경이를 원칙적으로 양립불가하다고 본 것이 아니라, 당대에 등장한 **기계론적 철학**이 얼마나 세상을 보는 좁디좁은 눈인지, 그것이 철학의 이름으로 어떻게 철학의 시원을 부정하는지를 갈파한 것이었습니다.

도킨스는 근대 계몽의 한계를 진작 고발한 예언자적 시인 키츠를 오해했습니다. 뿐만 아니라 그 과학자는 자신의 선조라고 할 만한 근대의 자연철학자들이 과학과 경이의 관계에 대해 가졌던 생각에 대해서도 무지했던 것으로 보입니다. 근대 과학의 아버지 베이컨은 경이를 "깨진 지식"Broken Knowledge이라고 불렀습니다.**9** 그리고 말하기를, 우리는 **이 깨진 상태를 치유해야 한다**고 했습니다. 지식이 온전해지면 경이 문제(!)는 해결된다는 것입니다.

근대 철학의 아버지 데카르트도 『정념론』情念論이라는 책에서 경이를 다른 모든 근본적 정념들에 앞서는 **첫째 정념** the first of all the passions이라고 부르면서도 경이는 자신의 무지를 깨닫는 상태로서,

그렇기에 우리로 하여금 지식을 추구하게 만드는 동력이 된다는 점에서는 가치가 있지만, 우리는 지식을 쌓아 최대한 경이로부터 "벗어나야" 한다고 말했습니다.🔟 데카르트에게 경이는 지식을 통해 정복되어야 할 상태였던 것입니다. **지식은 경이를 몰아낸다**는 것입니다. 모를 때는 경이를 느끼게―겪게!―되나, 알게 되면 경이에서 벗어나게 된다는 것입니다.

데카르트의 스승이기도 했던 수학자 스테빈 Simon Stevin, 1548-1620은 다음의 말을 남겼습니다.

Wonder is no wonder(Wonder en is gheen wonder).

"Wonder is no wonder." 알고 보면 세상에 놀라운 것, 경이로운 것이란 없다는 것이지요.

데카르트는 무지개의 원리를 수학적으로 설명한 자신의 책에서 무지개를 신화적 이름인 이리스 Iris가 아니라 그냥 'the arc in the sky' l'archen-ciel라고 부릅니다. 그냥 하늘에 걸린 호弧, 놀라울 것 하나 없는 자연 현상이라는 것이지요.

무지개가 풀린 것입니다.

8

경이와
호기심

'눈의 욕망'으로서의 호기심

2011년 11월 미 항공우주국 나사NASA는 네 번째 화성 탐사 로버를
발사했는데, 그 탐사 로버는 2012년 8월 화성에 성공적으로 착륙해
현재도 탐사 임무를 수행 중입니다.

나사는 그 탐사 로버의 이름을 '큐리오시티'라고 지었습니다.
재미있는 이름입니다. '큐리오시티'curiosity, 곧 **호기심**이야말로 그런
탐사를 발진시킨 원동력이라는 의미를 담은 것이겠지요?

흔히들 과학 탐구의 동력을 인간의 호기심에서 찾습니다.
아닌 게 아니라, 한스 블루멘베르크Hans Blumenberg, 1920-1996라는 독일의
철학자는 『근대의 정당성』Legitimacy of the Modern Age이라는 저서 등에서
16-17세기 유럽의 과학 혁명은 인간의 **호기심의 해방**을 통해 비로소
가능했다고 말한 바 있습니다.**❶**

호기심의 **해방**이라니. 호기심이 언제 속박이라도 받았단
말일까요?

그렇습니다. 호기심이 지금과 같이 마음껏 활개를 치게 된
시기는 16-17세기 무렵부터입니다. 그 전에는 호기심은 억압받고
괄시당해 왔습니다. 찬밥 신세를 면치 못했습니다.

왜 박대당했을까요? 연유는, 호기심은 죄된 **욕망**이었기
때문입니다.

호기심을 죄된 욕망이라고 처음 말한 이는 아우구스티누스
Augustine of Hippo, 354-430였습니다. 중세의 사상적 토대를 놓은 이
신학자에 따르면, 호기심은 "안목의 정욕" 곧 "눈의 욕망"concupiscentia
oculorum이었습니다.

『성서』는 죄의 원천을 "육체의 욕망과 눈의 욕망과 세상 살림에 대한 자랑" 이렇게 세 가지로 분류한 바 있는데(『성서』「요한일서」2:16) 아우구스티누스는 호기심을 두 번째 부류인 '눈의 욕망'에 굴복한 경우로 본 것입니다. 다시 말해, 호기심은 죄였습니다.

큐리오시타스 vs. 스투디오시타스

아니, 호기심이 왜 죄일까요? 지금은 온 인류의 주목을 받는 거대 프로젝트의 이름이 될 정도로, 가히 미덕virtue으로 추앙받는 것이 어째서 중세 시대에는 악덕vice으로 취급받았던 것일까요? 역시 중세는 계몽주의 전도사들이 선전하듯 **암흑기**였기 때문일까요? 중세를 지배했던 기독교는 인간의 지적 탐구를 정말 죄악시했던 것일까요?

아우구스티누스에게 "당신은 왜 호기심을 죄라고 하십니까? 뭔가를 알고 싶어 하는 마음이 어째서 잘못이란 말입니까?" 하고 묻는다면, 그 히포의 주교는 뭐라고 대답했을까요?

먼저 아우구스티누스 이래 중세 시대에는 뭔가를 **알고 싶어 하는 마음**intellectual appetite, 곧 인간의 (바람직한) 지적 탐구심을 가리키는 다른 말이 있었다는 사실부터 짚고 넘어가야 합니다. 바로 **스투디오시타스**studiositas라는 말인데, 영어 'studious'와 관련 있는 말이니 우리말로는 **면학심**勉學心이라고 옮길 수 있습니다.

아우구스티누스는 주저인『삼위일체론』De Trinitate에서 이 **면학심**studiositas과 **호기심**curiositas을 구분하여 서로 어떻게 다른지

올레 보름(Ole Worm, 1588-1654)이 세계 곳곳의
진귀한 물건들을 수집하여 보관한 호기심의 방.
Museum Wormianum(1655)의 표지 삽화.

언급하는데, 그 내용을 알기 쉽게 풀어 말해 보면 이렇습니다.

> 호기심이나 면학심 둘 다 '알고 싶어 하는' 마음이다. 그런데
> 호기심은 '모르는 것'을 알고 싶어 하는 마음이고, 면학심은
> '아는 것'을 '더 깊이' 알고 싶어 하는 마음이다. 왜 이미 알고
> 있는 것을 더 깊이 알고 싶어 할까? '사랑' 때문이다. 자신이 알게
> 된 것을 사랑하게 되어서, 그 사랑에 이끌려, 그것을 더 깊이
> 알고 싶어 하는 것이다. 즉, 면학심은 '사랑하니까' 알고 싶은
> 것이다. 이에 반해, 호기심은 그냥 '모르니까' 알고 싶은 것이다.
> 혹자는 호기심도 사랑이 아니냐고 물을지 모르겠다. 즉,
> 면학심이 '알게 된 것'을 사랑하는 마음이라면, 호기심은 아직
> '모르는 것'을 사랑하는 마음이 아니겠느냐고 말이다. 그러나
> 그렇지 않다. 호기심은 실은 '모르는 것' the unknown을 미워하는
> 마음이다. 왜냐하면 호기심이란 '모르는 것'이 '없어지기를'
> 바라는 마음이기 때문이다. 호기심은 이 세상에 자신이 모르는
> 것은 하나도 남지 않기를 바란다(Bk. X. Ch. I.). **2**

1,600여 년 전의 성인聖人이 말한 논리를 오늘의 우리가 그대로
따라갈 필요는 없을 것입니다. 그러나 **알고 싶어 하는 마음**desire to
know, 인간의 탐구심에는 **사랑**에 기반한 탐구심과 그렇지 못한
탐구심 두 종류가 있다는 그 성인의 말은, 인간의 **지식** 문제, 곧
인식론, 지식의 역사, 지식 사회학 등을 놓고 진지하게 사고하는
이들에게 여러 유익한 생각거리를 던져 줍니다.

  무엇보다 **지식**이라는 주제를 논할 때 **사랑**을 중심에 끌어들이는

것이 기독교 신학자다우면서 또한 성인답습니다. 왜냐하면 기독교
신앙과 영성에서 진리와 사랑은 서로 떼려야 뗄 수 없는 것이기
때문입니다. 기독교 철학에서 자주 인용되는 아포리즘이 있습니다.

> 사랑 자체가 앎의 한 형태다(사랑하는 것이 아는 것이다).
> Love itself is a form of knowing(amor ipse notitia est). **3**

그러나 호기심은 사랑이 아닙니다. **사랑해서**, 곧 뭔가에 대한 사랑에
이끌려서 알고 싶어 하는 것이 아닙니다. 호기심은 그냥 **모르니까**
알고 싶은 것이며, 아울러 그 모르는 것을 알고 싶어 하는 까닭은
그것을 **정복하고 싶어서** 입니다. 그것을, 그 대상object을 파악把握하고
장악掌握해서 **마스터**, 곧 **지배**하고 싶어서입니다.

　호기심은 정복욕입니다. **호기심의 시선**은 신대륙의 원주민을
관찰하는 제국주의자들의 시선과 닮았습니다. **제국주의자들의 눈** eye, I
에 타자는 정복과 착취의 대상이지 사랑의 상대가 아닙니다.

타우마제인

16-17세기 과학 혁명의 배후에 정말 이러한 호기심의 발동이 있었던
것일까요? 아니, 그 전에, 인간의 지적 탐구 자체가 이러한 호기심의
발로인 것일까요?

　인류에게 지적 탐구 정신을 가르쳐 준 그리스 현인들,
소크라테스, 플라톤, 아리스토텔레스의 생각은 달랐습니다. 그들은

이렇게 말했습니다.

철학은 경이에서 시작한다.
Philosophy begins in wonder.

경이wonder야말로 철학의 시원, '아르케'arche라는 말이지요.

그런데, 그렇다면, 경이驚異란 무엇인가요?

'경이란 무엇인가?'라는 물음은 따져보면 사실 참 묘한 질문입니다. 왜 그런가 하면, '**이것은 무엇인가?**'를 묻는 것 자체가 사실은 본래 경이의 한 표현이기 때문입니다. 경이란 '이게 뭐지?' 하고 묻게 되는 것입니다. 그런데 그냥 묻는 것이 아니라 **경탄**驚歎하는 것입니다. 그저 몰라서 묻는 것이 아니라 놀라서 묻는 것입니다. 너무도 놀라운 것 앞에서, 'wonder-full'한 것 앞에서, 말문이 막히고aporia, 숨이 막히고, 그리고 눈이 동그래지는 것입니다.

아우구스티누스는 바로 이런 경이야말로 진정한 지적 탐구의 정신·영성이라고 말하고 있는 것이 아닐까요? 진정한 지적 탐구는 **알면 알수록 놀라운** 무언가를 향한 사랑에 이끌리는 탐구입니다. 다시 말해, 알면 알수록 놀랍기에 더 알고 싶은 것입니다. 그 **신비**를 사랑하는 것입니다.

그러나 호기심은 신비를 사랑하지 않습니다. 호기심은 신비를 풀고 싶어 합니다. 그런데 이는 사실상 신비를 인정하지 않는 것입니다. 풀릴 수 있는 것이라면 그건 애당초 **신비**가 아니라 **퍼즐**에 불과한 것이기 때문입니다.

소크라테스가 "철학은 경이에서 시작한다"고 했을 때 이때

경이는 그리스어로 '타우마제인'_thaumazein_ **4**인데, 이 '타우마제인'은
신비 앞에서 느끼는 'wonder', 곧 경외감_awe_에 가까운
경이감입니다.

영어 단어 'wonder'는 그저 **궁금해한다**는 정도의 의미로도
쓰이고, 그런 의미에서는 **호기심**과 큰 차이가 없습니다만, 철학자
하이데거_Martin Heidegger, 1889-1976_는 소크라테스가 말하는 철학의
시원으로서의 'wonder', 곧 '타우마제인'은 호기심과는 전적으로
다른 것이라고 말합니다. **5** 호기심이란 뭔가 신기한 현상을 보고
놀라면서 그 원인을 파악하고 싶어 하는 것입니다.

하지만 소크라테스가 "철학은 경이에서 시작한다"고 했을 때의
그 경이란 어떤 신기한 현상을 보고 놀라는 것을 말하는 것이
아니라, 하나도 신기할 것 없는, 지극히 평범한 것, 지극히 일상적인
것을 보면서 놀라워할 줄 아는 것을 말하는 것이었습니다.

가령 지금 내 앞에 있는 어떤 꽃이 그렇게 꽃으로서 있다는 것
그 자체에 대해, 그 **존재** 자체에 대해 놀라워할 줄 아는 것을 말하는
것이었습니다. 늘 보는 것이지만, 보면서 놀라는 것입니다. '뭐지?
이게 뭐지?'

소크라테스는 이런 질문, 그저 **몰라서 묻는** 질문이 아니라,
놀라서 묻는 물음이야말로 철학자가 진정으로 물어야 할 질문이라고
생각했습니다. 철학, 곧 정말 생각다운 생각은 이런 경이로부터
시작된다고 말했습니다.

하이데거는 현대인은 생각할 줄 모른다고 일갈합니다. 그리고
현대인이 생각할 줄 모르게 된 이유는 경이_Erstaunen_를 잃어버렸기
때문이라고 진단합니다. 하이데거는 현대 문명은 경이를 잃고, 대신

호기심^{Neugier}에 사로잡힌 문명이라고 진단합니다.

경이의 눈이 상대를, **상대의 신비를 가만히 응시하는 눈**이라면, 호기심의 눈은 **신기한 대상을 찾아 이리저리 옮겨 다니며 두리번거리는 눈**입니다. 그리고 그 대상을 파악해서는 장악하려는 손입니다.

How I wonder what you are!

인류가 화성까지 탐사선을 보낸 것은 우주의 신비, 존재의 신비, 그 두렵도록 매혹적인 신비에 이끌려서였을까요? 아니면, 그 신비, 아니 퍼즐을 풀어 냄으로써 '이 세상에 자신이 모르는 것은 하나도 남지 않기를' 바라서였을까요?

인간이 모르는 것은 하나도 없게 된 세상, 그런 세상은 어떤 세상일까요? 무엇보다 **노래가 불리지 않는 세상**일 것입니다. 왜냐하면 노래한다는 것은 무언가의 **경이로움**^{wonder}을 노래한다는 것이기 때문입니다. 어린 시절 우리가 배운 이 노래처럼 말이지요.

반짝반짝 작은 별 아름답게 비치네……
Twinkle twinkle little star, how I wonder what you are……**6**

지난 1장에서 우리는, 별이 가스로 만들어졌다고 해서 별이 그저 가스 덩어리에 불과한 것은 아니라는 것을 보았고, 그렇다면 '별이란 무엇인가?'하고 물었습니다.

여기서 그 물음에 답 아닌 답을 드리려 합니다.

별이 무엇인지를 정말 아는 사람은 별이 무엇인지를 'wonder' 하는 사람입니다.

How I **wonder** what you are!

네, 이 노래는 "I **know** what you are!" 하며 나는 별이 무엇인지 **안다**고 말하지 않습니다. 대신, "I **wonder** what you are!"라고 노래하고 있지요. 별이 무엇인지를 'wonder'하고 있습니다. **경이의 눈**으로 별을 보고 있습니다.

그런데 보십시오. 이러한 경이의 눈은 세상 모든 것을 **사랑의 상대**로 봅니다. "How I wonder what **you** are!" 네, 별을 'It'이 아니라 'You'라고 부르고 있습니다. 네, 경이로 가득 찬 눈^{eye, I}에는 밤하늘의 별도 그저 **저것**^{It}이 아니라 **너**^{Thou}입니다. 그저 호기심의 대상, 연구와 지배의 대상이 아니라, 말을 건넬 수 있는, 관계를 맺을 수 있는 상대로 보는 것입니다.

How I wonder what you are!

이 노래에 담긴 철학과 영성은 이런 것일 겁니다.

나는 '너'가 놀랍다. '너'는 내게 신비^{神祕}다. 그래서 나는 '너'를 노래한다. 노래만이, 시^詩만이 내가 '너'에게 다가갈 수 있는, '너'를 통해 신^神에게 다가갈 수 있는 유일한 길이기 때문이다.

다음 장에서는 이러한 경이의 영성과 철학을 담아낼 수 있는 기독교의 신학적 비전에 관해 탐구해 보겠습니다.

10

There,—now it is morning, and time to get up,
And I'll crumb you a mess, in my doll's china cup;
So wake little baby, and open your eye,
For I think it high time to have done with bye bye.

A. T.

~~~~~~

THE STAR.

Twinkle, twinkle, little star,
How I wonder what you are !
Up above the world so high,
Like a diamond in the sky.

When the blazing sun is gone,
When he nothing shines upon,
Then you show your little light,
Twinkle, twinkle, all the night.

Then the trav'ller in the dark,
Thanks you for your tiny spark,
He could not see which way to go,
If you did not twinkle so.

In the dark blue sky you keep,
And often thro' my curtains peep,
For you never shut your eye,
Till the sun is in the sky.

'Tis your bright and tiny spark,
Lights the trav'ller in the dark :
Tho' I know not what you are,
Twinkle, twinkle, little star.

~~~~~~

COME AND PLAY IN THE GARDEN.

Little sister come away,
And let us in the garden play,
For it is a pleasant day.

On the grass-plat let us sit,
Or, if you please we'll play a bit,
And run about all over it.

But the fruit we will not pick,
For that would be a naughty trick,
And, very likely, make us sick.

제인 테일러(Jane Taylor, 1783-1824)의
Rhymes for the Nursery(1806)에 실린 시 「별」.

9

표징으로서의
세계

도피

판타지 문학의 고전 『나니아 연대기』는 영국 옥스퍼드와 케임브리지 대학에서 중세와 르네상스 영문학을 가르쳤던 C.S.루이스가 쓴 페어리테일입니다.

나니아는 마법의 나라, 환상의 나라입니다. **마법**과 '**magic**', **환상**과 '**fantasy**' 등은 **현실**과 거리가 먼 단어들이지요. 그렇다면 루이스는 **현실 도피**를 위해 나니아 나라를 지어냈던 것일까요?

도피라는 건 루이스도 인정했습니다. 루이스는 『2001 스페이스 오디세이』의 저자인 SF 소설가 아서 클라크 Sir Arthur C. Clarke에게 쓴 편지에서 친구 J.R.R.톨킨의 말을 인용한 적이 있습니다. **도피**라는 말을 몹시 싫어할 사람들이 있는데, 바로 간수들이 그렇다는 것입니다. 감옥을 지키는 간수들 말입니다.

도피는 영어로 'escape'이지요. 그런데 'escape'는 **도피**를 뜻하기도 하지만 **탈출**을 뜻하기도 합니다. 루이스가 추구한 건 **현실로부터의** from reality 도피 escape가 아니라, **현실 속으로의** into reality 탈출 escape이었습니다.

그런데 왜 **탈출**이 필요할까요? 지금 우리는 갇혀 있기 때문입니다. 감옥 속에, 동굴 속에 갇혀 있기 때문입니다. 『나니아 연대기』 시리즈 『은의자』 편에 이런 장면이 나옵니다. 마녀가 지배하는 지하 세계 Underworld가 있는데, 어떤 이들이 그 지하 세계에 들어갔다가 그만 마녀에게 붙잡혀 갇히게 됩니다. "어디서 왔느냐"는 마녀의 물음에 그들이 "여기 지하 세계 위에 있는 지상 세계 Overworld에서 왔다"고 하자, 마녀는 "지상 세계라니, 그런 세계는

없다. 지금 너희가 있는 이 세계가 유일한 세계다. 몽상에서
깨어나라"고 말하며 그들에게 주문을 겁니다.

그들이 "아니다. 지상 세계는 정말 있고 거기에는 태양이라는
것이 하늘에 떠 있다"고 말하자, 마녀는 방 안에 있는 어떤 램프를
가리키면서 "태양이라는 건 사람들이 램프를 보면서 그저 상상해 낸
것에 불과하다"라면서 대단히 이성적인 추리와 합리적인 논리들을
동원해 가며 "다른 세상은 없다"고 주문을 겁니다.

마녀의 주문에 홀린 그들은 급기야 이렇게 말하게 됩니다.

> 맞아요, 당신 세상만이 유일한 세상이에요[이곳 말고 다른
> 세상은 없어요](『은의자』 12장).

네, 루이스는 과학으로 알 수 있는 세계만을 정말로 존재하는 유일한
세계로 여기는 현대 세계, **탈주술화**된 세계를 오히려 **주술에 걸린**
세계로 봅니다. 참현실, 참실재, 참'리얼리티'를 보지 못하게 하는
나쁜 주술에 말이지요.

참현실

> 참현실이란 무엇인가? 진짜 실재란 무엇인가?
> What is really real?

루이스의 작품을 읽다 보면 이런 물음을 갖게 됩니다.

그런데 "참현실이란 무엇인가?" 이런 물음을 인류로 하여금 진지하게, 치열하게 묻도록 만들어 준 너무도 유명한 인물이 있습니다. 바로 플라톤Plato입니다. 루이스는 플라톤 철학을 대단히 높이 평가한 기독교 사상가였습니다. 『나니아 연대기』의 지하 세계 이야기도 플라톤의 그 유명한 동굴 비유analogy of the cave와 일맥상통한다는 사실을 쉽게 알아보실 것입니다. 플라톤은 보통 사람들은 태어날 때부터 동굴 속에 갇혀 살아서 동굴 벽에 비치는 그림자들을 실체로 알고 지내는 죄수들처럼 참현실, 진짜 실재를 보지 못하고 살고 있다고 말했지요.

『나니아 연대기』의 마지막 책인 『마지막 전투』의 마지막 장면도 더없이 플라톤적입니다. 아슬란이 창조한 세계인 나니아가 이제 종말을 맞는 것을 보면서 슬퍼하는 이들에게 루이스는 한 작중 인물의 말을 빌려 이렇게 말합니다.

들어 보렴.……그건 진짜 나니아가 아니란다. 그 나니아는 시작과 끝이 있었지. 그 나니아는, 언제나 있었고 앞으로도 영원히 있을 진짜 나니아의 그림자shadow나 사본copy에 불과하단다. 우리 세계인 영국과 다른 모든 나라가 아슬란이 계시는 진짜 세계의 그림자나 사본인 것과 마찬가지이지. 그러니 루시, 나니아 일로 슬퍼하지 말아라. 옛 나니아에 있던 모든 귀중한 것들과 소중한 짐승들은 다 그 문을 통해 진짜 나니아로 들어왔으니까. 물론 다르기야 하지. 실물이 그림자와 다르고, 생시가 꿈과 다르듯이 말이다(15장).

루이스는 서구 기독교 신학과 영성에 지대한 영향을 끼친 아우구스티누스처럼 플라톤 철학을 창조적으로 이용해 기독교의 고유한 세계관을 설파한 사상가요 영성가였습니다. 플라톤에 따르면, 우리 눈에 보이는 이 형이하^{形而下}의 세계는 형이상^{形而上}의 세계, 영원한 진짜 세계의 사본^{copy}이요 그림자^{shadow}입니다. 아우구스티누스를 비롯한 교부들, 곧 초기 기독교의 신학적 토대를 놓은 이들은 그런 플라톤 철학을, **참철학**$^{the True Philosophy}$인 기독교가 등장하기 전에, 인류로 하여금 기독교적 세계관의 초보를 미리 학습하게끔 도와준 일종의 가정교사, '파이다고고스'^{paidagogos}로 여겼습니다. ■

성사적 세계관

학교에서 플라톤 철학을 배웠고 이후 기독교 복음을 받아들인 고대 교회 신학자들은 기독교가 세계를 바라보는 방식에 대해 이렇게 가르쳤습니다.

> 이 땅의 보이는 모든 것들은 하늘의 보이지 않는 실재^{res}를 가리키는 표징들^{signum}이다. 지상의 실재들은 천상의 실재들을 가리키는 거룩한 표징들$^{sacrum\,signum}$이다.

이런 세계관을 일컬어 **성사적**^{sacramental} **세계관**이라고 합니다. **성사**^{聖事} 혹은 **성례**^{聖禮}란 영어로는 'sacrament'인데, 세례나 성찬례

이 땅의 보이는 모든 것들은
하늘의 보이지 않는 실재^{res}를 가리키는
표징들^{signum}입니다.

같은 기독교 예식을 가리키는 말입니다. 세례^{baptism}는 물로 씻는
예식인데, 이 예식에 믿음으로 참여하는 신앙인들에게 세례는
단순히 물로 씻는 것이 아니라, 우리 죄가 씻음 받는 것을 가리키는
거룩한 표징입니다. 성찬례^{Eucharist}는 빵과 포도주를 먹고 마시는
예식인데, 이 예식에 믿음으로 참여하는 신앙인들에게 성찬례의
빵은 그저 빵에 불과한 것이 아니라, 그리스도의 몸을 가리키는
거룩한 표징입니다. 마찬가지로 성찬례의 포도주도 그냥 포도주에
불과한 것이 아니라, 그리스도의 피를 가리키는 거룩한 표징입니다.

사실 단순히 **가리키는**^{point to} 것 이상입니다. 기독교 신학에서는
성찬례 때의 빵과 포도주는 그리스도의 몸과 피라는 하늘의 실재를
가리켜 주는 것일 뿐 아니라, 그 하늘의 실재에 실지로
참여하고^{participate in} 있는 것이라고 가르칩니다. 우리는 **표징**, 곧 **사인**
혹은 **기호**라고 하면, 그저 무언가를 가리켜 주는 것, 달을 가리키는
손가락 같은 것으로 생각하지만, 기독교 신학에서 말하는 **거룩한**
표징은 그저 달을 가리키는 손가락 같은 것이 아니라, 말하자면
그 달을 실지 여기로 **가져오는** 손 같은 것입니다. 신학 용어로는
'효력 있는 표징들'^{efficacious signs}이라고 합니다. 자신이 가리키는 바를
실제로 가져와 주는 표징들이라는 것이지요.

성사는 상징이나 기호 이상의 것입니다. 루이스는 이렇게
설명합니다. **문자**는 **말**을 나타내는 상징 또는 기호입니다.
가령 '해'라는 문자는 [hae]라는 말(소리)을 가리키는 기호 또는
상징이지요. 그런데 문자 '해'와 말(소리) [hae]는 서로 별개의
것입니다. [hae]는 '해'와 떨어져 있습니다. [hae]는 그저 멀찍이서
'해'를 가리킬 뿐입니다. 그런데 가령 햇빛을 그린 그림과 진짜

햇빛의 관계는 이와 다릅니다. **햇빛 그림에는 진짜 햇빛이 비치고
있습니다!** 진짜 햇빛이 거기에 비치고 있기 때문에 그것이 우리에게
햇빛 그림으로 보일 수 있게 되는 것입니다.

> 햇빛 그림과 진짜 햇빛의 관계는 문자와 말의 관계와는
> 다릅니다. 햇빛 그림은 진짜 햇빛의 기호이자 기호 이상이며,
> 기호 이상이기에 그렇게 기호일 수 있는 것입니다. 햇빛 그림
> 안에는 진짜 햇빛이 특정한 방식으로 실제로 존재합니다really
> present. 저는 그 관계를 상징적symbolical 관계라기보다는
> 성사적sacramental 관계라고 부르겠습니다. **2**

햇빛 그림은 진짜 햇빛이 비치기에 비로소 존재할 수 있는
보이는可視的 **세계**의 일부이며, 그렇게 진짜 햇빛에 **참여**, 곧 **몸**을
담그고 있습니다. 우리가 햇빛 그림을 본다는 것은 진짜 햇빛의 **빛
안에서** 보고 있는 것입니다.

성사적 세계관이란, 세례나 성찬례 같은 성사에서 물이나
빵이나 포도주가 그렇듯이, 지상의 실재들은 천상의 실재들을
가리켜 주고, 또 그 초월적 실재들에 참여하고 있는 거룩한
표징들이라는, 그런 세계관을 말합니다. **3**

성육신과 말씀 천지

세례와 성찬례 같은 교회의 성사에서 깨달음을 얻어 이런 세계관을

주창한 고대의 신학자들은 다들 학교에서 플라톤 철학을 배웠던
이들이었습니다. 흔히 플라톤 철학은 **이원론적**이라 비판받기도
합니다. 땅의 세계, 곧 형이하의 세계는 열등하고 부정한 세계이고,
하늘의 세계, 즉 형이상의 세계만이 완전하고 거룩한 세계라는 그런
이원론이라는 것이지요.

플라톤의 제자들이 스승의 철학을 이원론으로 변질시켜왔던
점도 부인할 수 없지만, 플라톤의 제자이기 이전에 그리스도의
제자였던 고대 기독교 교부들은 **성육신 신학**을 통해 그러한
이원론을 극복하고 성사적 세계관이라는 초월지향적이면서도
내재긍정적인 형이상학을 창안해 제시할 수 있었습니다.

성육신 신학이란 이런 것입니다.『성서』「요한복음」1장 1절은
이렇게 시작됩니다.

태초에 말씀이 있었다.

여기서 **말씀**이란 원어로 **로고스** *Logos* 인데, 로고스는 고대 지중해
세계의 중요한 철학 용어로서, **말**이라는 뜻 외에 **이성, 원리, 의미**
등을 뜻합니다. 그래서 우리말로 최초로 번역된 「요한복음」서에서는
1장 1절이 이렇게 되어 있습니다.

태초에 도道가 있었다.

왜냐하면 서양 고대 철학에서 말하는 **로고스**에 상응하는 동양
철학의 개념이 바로 **도**이기 때문입니다. 지금도 어떤 중국어

요안너 데일쟝

처음에도가이스되도가 하느님과함게ᄒᆞ니도는곳 하느님이
이도가처음에 하느님과함게ᄒᆞᆷ미만물이말무야다지역스니지은
빈는ᄒᆞ나토얼부디안끠지으미업년이라도에셩명이이스니아셩명
이사람에빗치되야빗치어두운데빗치우되어두운데는아디못ᄒᆞ더
라ᄒᆞᆫ사람이이스니 하느님이보닌빈일음온요안너라와셔간증
되문빗츨위ᄒᆞ여간증ᄒᆞ여믓사람이데로말무야밋게ᄒᆞ나데가빗치
안이요오직빗츨위ᄒᆞ여간증ᄒᆞ엿더니라그는진광이니세샹에온샤
룸빗치우ᄂᆞ니라그셰샹에셔셰샹이말무야지은거신데셰샹이아
더못ᄒᆞ고사긔게블으러시되자긔사람이밧더안으니ᄂᆞ을윤밧년쟈는
곳일음을밋음으미라권세를주워 하느님의아들을셩아시ᄂᆞ니이는혈
닥으로말물도안이요욕신으로말물도안이요사람이뜻으로말물도
안이요오직 하느님으로말무야난쟈라되기도가욕신을일ᄂᆞ넉넉
키온둥파진니로써우리사이에거ᄒᆞ여우리그영화룰본거시아방이

존 로스 선교사(John Ross, 1842-1915)가 만주에서
최초로 한글로 번역하여 출간한 「요한복음」서(1882년).

성경에는 「요한복음」 1장 1절이 그렇게 "태초에 도가 있었다"고 번역되어 있습니다.

「요한복음」은 이 세상 모든 것이 다 이 로고스에 입각해서, 도에 입각해서 만들어졌다고 선언합니다. 여기까지는 동서양의 심오한 철학자들이 "우리 철학과 통하는 이야기네!" 할 만한 이야기입니다.

그런데 「요한복음」은 이어서 놀라운 선언을 합니다. 동서양의 모든 철학자들을 깜짝 놀라게 만들 만한, 귀를 의심하게 할 만한 선언으로서, 바로 그 로고스가, 그 태초의 말씀이, 창조의 말씀이, 우주의 도가, "육신이 되어" 이 땅에 임했다는 선언입니다.**4**

　　말씀이 육신이 되어 우리 가운데 오셨다(『성서』「요한복음」 1:14).

바로 성육신成肉身, Incarnation입니다.

교부들은 이 **말씀의 성육신**이 모든 것을 바꿔 놓았다고 믿고, 가르치고, 노래했습니다.

　　말씀이 육신이 되어 이 땅에 오셨다!

이는

　　영원이 시간 속으로, 역사 속으로 뚫고 들어왔다!

는 뜻입니다.

초월이 세계 속으로 뚫고 들어왔다!

는 뜻입니다.

영생이 인생 속으로 뚫고 들어왔다!

는 뜻입니다.

하늘이 땅에 임했다!

는 뜻입니다.

이 성육신은 우리가 세계를 보는 방식을 근본적으로 바꾸어
놓습니다. **말씀**이 **육신**이 되었기에, 다시 말하면 **말씀** 안으로 **육신**이
들어 올려졌기에,**5** 이제 이 세상에 그저 육신적이기만 한 것은
아무것도 없습니다. 이제 모든 것은 우리를 향한 **신의 말씀**이 됩니다.
한 시를 소개해 드리려 합니다.

영혼의 눈에 끼었던
무명無明의 백태가 벗어지며
나를 에워싼 만유일체萬有一切가
말씀임을 깨닫습니다.

노상 무심히 보아 오던

손가락이 열 개인 것도
이적異蹟에나 접하듯
새삼 놀라웁고

창밖 울타리 한구석
새로 피는 개나리꽃도
부활의 시범을 보듯
사뭇 황홀합니다.

창창한 우주, 허막虛莫의 바다에
모래알보다도 작은 내가
말씀의 신령한 그 은혜로
이렇게 오물거리고 있음을
상상도 아니요, 상징도 아닌
실상實相으로 깨닫습니다.

신앙 시인이었던 구상 선생님의 「말씀의 실상」이라는 시인데요,
기독교 신학에서는 세례나 성찬례 같은 성사를 '거룩한 표징'이라
하고, 또 '보이는 말씀'verbum visibile이라고 하는데, 신앙 시인에
따르면 어떻습니까? 세례의 물이나, 성찬례의 빵과 포도주뿐 아니라,
이 세상 모든 것이, 만유일체가, 만물과 만사가, 손가락이 열 개인
것도, 새로 피는 개나리꽃도, 다 그렇게 '보이는 말씀'이라는
것입니다. '거룩한 표징'이라는 것입니다. 손가락이 열 개인 것은
창조의 기적을 보여주는 표징이며, 새로 피는 개나리꽃은 부활의

은총을 보여주는 표징이라는 것입니다.

믿음의 눈에는, "영혼의 눈에 끼었던 무명無明의 백태가 벗어지"면, 그렇게 보인다는 것입니다. 말씀으로 창조된 세상이기에 이 세상은 **말씀 천지**라는 것입니다.

어떤 신학자는 성사적 세계관에서는 "세상 모든 것은 이미 자기 이상의 존재"들이라고 말합니다.**6** 성사적 우주에서는 나무는 그냥 나무에 불과한 것이 아니고, 나무 이상의 무엇이며, 별도 그냥 별에 불과한 것이 아니라, 별 이상의 무엇입니다.

이런 성사적 세계관에서 이 세계는 **의미의 소재지**가 됩니다. 왜냐하면 이 땅의 모든 만물과 만사는 하늘에 속한 것들을 가리켜 주고 가져와 주는 사인sign들로서 의미심장한sign-ificant 것들이 되기 때문입니다.

이런 눈을 열어 주고자 하는 기독교의 신학적 비전, 성사적 상상력에 대해 다음 장에서 이어서 탐구해 보도록 하겠습니다.

10

태초에
노래가
있었다

플라톤에 다 있는 건데!

플라톤은, 이 땅에 참되고 선하고 아름다운 것들이 있는 건 하늘에
진 Truth, 선 Goodness, 미 Beauty라는 것들이 있기 때문이며, 이 땅의 모든
참되고 선하고 아름다운 것들은 하늘의 진선미에 참여 methexis 하고
있음으로써 그렇게 참되고 선하고 아름다운 존재일 수 있는
것이라고 가르쳤습니다.■

　「요한복음」 1장 1절은 "태초에 말씀이 있었다"고 선언하는데,
고대 기독교 교부들은 바로 이 태초의 말씀, 창조의 말씀, 곧
로고스가 하늘의 진선미의 원천이며, 그런데 그 로고스가 그리스도
안에서 육신이 되어 이 땅에 임했다고 믿고, 가르치고, 노래했습니다.

　고대 기독교 교부들처럼 C. S. 루이스도 다분히 플라톤 철학적인
사상가였습니다. 『나니아 연대기』에서 루이스를 대변하는
캐릭터라고 할 수 있는 디고리 교수는 종말을 맞는 나니아를
가리키면서, 그렇게 종말을 맞는 나니아는 진짜 나니아가 아니며,
영원한 진짜 나니아의 그림자나 사본에 불과하다고 말하면서,

　　"플라톤〔철학〕에 다 있는 건데! 플라톤〔철학〕에 다 있는 건데!"
　　It's all in Plato, all in Plato!

라고 말한 다음, 이렇게 덧붙여 말합니다.

　　대체 요즘 학교에선 뭘 가르치는 건지 모르겠군(『마지막 전투』
　　15장)!

그런데 이 말은『나니아 연대기』서두에도 등장해서 수미상관 inclusio을 이룹니다.『나니아 연대기』첫 편인『사자와 마녀와 옷장』 5장을 보면, 옷장을 통해 다른 세계에 가보았다는 막내 루시의 말을 믿지 못하는 오빠 피터가 디고리 교수에게 "교수님께선 정말로 다른 세계가 있을 수 있다는 말씀이세요?"라고 묻자, 디고리 교수는 "암, 그렇고말고"라고 대답하면서 이렇게 덧붙여 말합니다. "대체 요즘 학교에선 뭘 가르치는지 모르겠군!"

성사적 세계관의 붕괴

모더니티의 사상적 기원을 중세 후기 학교에서 가르쳤던 내용의 변화에서 찾는 학자들이 있습니다. 그들에 따르면, 탈주술화로서의 모더니티의 기원은 14세기 유럽 대학에서 시작된 신학·철학 강의 내용의 변화에 있습니다.❷ 중세 황혼기, 유럽 지성계에는 **진, 선, 미**라는 것들은 그저 **말**에 불과하다는 철학이 대두되었습니다. 바로 **유명론**唯名論, nominalism입니다. 이 새로운 철학은 이후 서구 문명의 방향에 실로 커다란 영향을 끼쳤는데, 본서의 주제인 탈주술화와 관련된 영향에 대해 알기 쉽게 설명해 보면 이렇습니다.

진선미란 그냥 말에 불과하다는 이 철학이 힘을 얻어 가자, 진선미가 거하는 곳으로서의 **하늘**의 실체가 점점 희미해져 갔습니다. 전에 플라톤 철학에서 **하늘**은 **땅**보다 오히려 더 '리얼한' 실재였는데 말입니다.

그렇게 **하늘**이 희미해져 가자, 이 땅의 모든 참되고 선하고 아름다운 것들은 하늘의 진선미에 **참여**하고 있음으로써 그렇게 참되고 선하고 아름다운 존재일 수 있다는 생각도 점차 힘을 잃어 갔습니다. 같은 맥락에서, 이 땅에 존재하는 모든 것들, 모든 존재자들beings은 **존재 자체**Being이신 존재, 곧 신의 존재에 **참여**함으로써 그렇게 존재할 수 있다는 생각 역시 점차 힘을 잃어 갔습니다.

그러자 신관神觀, 곧 신에 대한 생각에 큰 변화가 일어났습니다. 전에는 사람들은 신을 진선미 같은 모든 **좋은** 것들이 흘러나오는 원천인 존재The Good로, 모든 존재자들beings의 존재의 바탕이 되는 존재Being, ipsum esse로 생각했는데, 이제는 신을 그저 모든 존재자들 가운데 최고 능력을 가진 존재자a being, 절대 능력인 존재자로 상정하게 되었습니다. 그리고 이 우주는 그 절대 군주와도 같은 신이 그 '절대 능력'potentia absoluta을 가지고 만들어 낸 거대하고 정교한 시계, 기계 같은 무엇이라고 생각하기에 이르렀습니다.

전에 보았듯이, 자연을 거대하고 정교한 기계로 보는 세계관에서도 신은 자연이라는 이 거대하고 정교한 기계를 만든 위대한 제작자로서 위상 혹은 명맥을 유지했습니다. 당분간은 그랬습니다. 하지만 과학자들이 점점 "신이라는 가설 없이도"**3** 세상이라는 기계가 어떻게 돌아가는지를 척척 설명해 나가자, 신의 입지는 점점 줄어들게 되었습니다.

그럴 수밖에 없는 것이, 신을 모든 존재자들의 존재의 바탕이 되는 존재로, 다시 말해 존재 자체인 존재로 생각하지 못하고, 그저 모든 존재자들 중 최고 능력을 가진 존재자로밖에 생각하지 못하면, 신도 아무튼 하나의 **존재자**a being이기에 다른 존재자들과 **경쟁**하는 관계일 수밖에 없습니다. 다시 말해, 이 세상에서 일어나는 모든 일은 신이 일으키는 초자연적인 일이거나, 아니면 그저 자연적으로 일어나는 일이거나, 둘 중의 하나가 되는 것입니다. 자연적인 일이든 초자연적인 일이든, 이 세계의 모든 일은 신의 창조의 은총으로 인해, 또 신의 구원의 은총으로 인해 일어나고 있다는 그런 생각을 하지 못하게 되는 것입니다.

> 이 땅의 보이는 모든 것들은 하늘의 보이지 않는 실재를 가리켜 주는 표징들이다.

하는 생각을 하지 못합니다.

> 자연의 신비는 신의 신비를 가리켜 주는 표징이다.
> 가령, 만물이 소생하는 봄은 부활이라는 하늘의 진리를 가리켜 주는 표징이다.

하는 생각을 하지 못합니다.

> 인간은 신의 형상이다. 참된 인간은 참된 신을 가리켜 주는 표징이다.
> 역사의 심판은 신의 심판, 최후의 심판을 가리켜 주는 표징이다.

하는 생각을 하지 못합니다.

케플러는 『세계의 조화』(*Harmonices Mundi*)에서
태양계 모든 행성들이 참가하는 천상의 합창에서 수성은 소프라노,
금성과 지구는 알토, 화성은 테너, 목성과 토성은 베이스를 담당한다고 말하며,
각각의 행성이 연주하는 멜로디를 제시하였다.

빵은 그냥 빵인 것이 아니다. 빵 이상의 무엇이다.

포도주는 그냥 포도주인 것이 아니다. 포도주 이상의 무엇이다.

나무는 그냥 나무인 것이 아니다. 나무 이상의 무엇이다.

별은 그냥 별인 것이 아니다. 별 이상의 무엇이다.

하는 생각을 하지 못합니다.

세계의 탈주술화의 결정적 근원은, 과학혁명 이전 중세 후기에
일어난 유명론 철학의 득세에 따른 플라톤 철학의 퇴조와, 이와
맞물린, 기독교의 **성사적 세계관의 붕괴**에 있습니다. 별은 별 이상의
무엇이라는 생각을 못하는 사람에게는 별은 그저 가스 덩어리에
불과한 것일 수밖에 없습니다. 별의 재료가 무엇인지가 별의 본질을
결정한다고 여기게 됩니다.

나니아의 창조론

하지만 별이 신인 나라 나니아 이야기를 지은 루이스에 따르면, 별이
정말 무엇인지 아는 사람은 별의 재료를 아는 사람이 아니라 **별의
노래**를 듣는 사람입니다. 루이스는 옛사람들이 들었다는, 우주의
천체들이 움직이면서 낸다는 음악 소리, '천구의 음악' The Music of the
Spheres **4** 소리를 오늘 우리가 다시 듣게 되기를 꿈꾸었습니다.

하지만 별 신이란 없으며, 별은 가스 덩어리로 만들어졌다는
사실을 알게 된 우리는 어떻게, 과연, 그 음악소리를 다시 들을 수
있을까요? 루이스는 이렇게 말할 것입니다.

그건, 우리가 '아슬란의 노랫소리'를 들을 때 가능하다.

이야기의 연대로 보자면 『나니아 연대기』의 첫 권인 『마법사의 조카』에 보면 나니아가 창조되는 장면이 나옵니다. 그중 이런 대목이 나옵니다.

어디선가 노랫소리가 들리기 시작했다.……견딜 수 없을 만치 아름다운 목소리였다.……그 소리와 더불어 갑자기 헤아릴 수 없을 만치 많은 소리들이 들려왔다.……별들이 부르는 노랫소리였다. 그 첫 번째 소리가, 그 깊은 목소리가 그 별들을 나타나게 하고 노래 부르게 만든 것이었다(8장).

나니아가 창조되는 장면인데요, 그런데 이 창조는 요즘 우리가 흔히 생각하는 창조론과 다릅니다. 우리가 흔히 생각하는 창조론에서는, 신은 **마치 시계공이 시계를 만들어 내듯이** 이 세계를 만들어 냈습니다.

하지만 어떻습니까? 나니아 이야기에서는, 나니아의 창조자 아슬란은 시계공이 시계를 만들 듯 나니아를 만들지 않았습니다. 아슬란은 **노래**를 불렀습니다. 그리고 그 노래에 따라 나니아의 모든 것이 창조되었습니다.

말하자면, 태초에 **노래**가 있었습니다. 그리고 나니아의 모든 것은 그 노래 안에서, 그 노래를 통해, 그 노래를 위해 창조되었습니다. **5**

아슬란이 노래를 불러 나니아의 모든 것을 창조하는 광경을 지켜보던 폴리라는 아이는, 차츰 '지금 일어나고 있는 일'들, 곧 창조되고 있는 창조물들과 '아슬란의 노래 사이에 어떤 연관이 있다는 걸' 알아보게 됩니다.

> 100여 미터 떨어진 곳에서 전나무가 쭉 뻗어 나왔는데, 그것을 보는 순간 폴리는 그것이 조금 전 사자가 낸 그 굵고 긴 음과 연관이 있다는 생각이 들었다. 그렇기에 폴리는 사자가 경쾌하고 빠른 음을 내자 갑자기 사방에서 앵초들이 불쑥불쑥 솟아나는 것을 볼 때 놀라지 않았다. 형언할 수 없는 전율을 느끼며 폴리는 확신하게 되었다. 이 모든 것들은 (그녀 자신의 말을 빌리면) '사자의 머리로부터' 흘러나오고 있었다. 사자의 노래를 듣는 것은 곧 그가 만들어 내는 것들을 듣는 것이었고, 주위를 둘러보면 그 만들어진 것들이 눈에 들어왔다(9장).

나니아의 모든 만물은 다 그 창조자의 고유한 노랫가락에 따라 지어졌습니다. 말하자면 나니아의 만물 하나하나에는 그것을 지을 때 창조자가 불렀던 고유한 선율이 스며들어 있는 것입니다.

이렇게 나니아의 창조론에서는 각 창조물의 존재가 창조자의 존재에 **참여**하고 있습니다. 요즘 사람들이 흔히 생각하는 창조론에서는 그렇지 않습니다. 시계의 존재는 그것을 만든 시계공의 존재에 참여하고 있지 않지요. 시계와 시계 제작자는, 그 둘은 서로 별개의 존재(자)들입니다.

하지만 나니아의 창조 신학에서는 어떻습니까? 그 창조자와 그 창조물들은 서로 별개의 존재들이 아닙니다. 만물은 각기 고유한

별이 정말 무엇인지 아는 사람은
별의 재료를 아는 사람이 아니라
별의 노래를 듣는 사람입니다.

신의 노랫가락, 고유한 신의 말씀을 품고 있고, 고유한 신의
노랫소리, 고유한 신의 말씀을 표현하는 존재로서 신의 존재에
참여하고 있습니다. 나니아의 만물은 다 아슬란의 "머리로부터"
흘러나온 것들이듯이 말입니다. **6**

스코틀랜드 장로교 목회자이자 판타지 문학 작가였으며,
루이스가 자신의 멘토로 여겼던 조지 맥도널드 George MacDonald,
1824-1905는 '무로부터의 창조' creatio ex nihilo 교리를 반대한 바 있습니다.
그 교리 자체를 반대한 것이라기보다는 그 전통적 교리에 대한
당대의 전형적인, 왜곡된 이해를 비판한 것이었습니다.

무로부터의 창조란 말 그대로, 신이 세상을 무로부터 창조해
냈다는 교리인데, 당시 사람들은, 또 지금도 대부분의 사람들은
그 교리를 신이 **순전히 자신의 의지로**, 말로, 뚝딱 모든 것을 만들어
냈다는 식으로 이해했고, 지금도 대개 그렇습니다.

하지만 맥도널드는 신은 단순히 "당신의 의지will로써 세상을
창조하신 것이 아니라"고 역설합니다. 맥도날드에게 있어서, 창조란
신의 "사랑의 범람"overflow이었습니다. 창조란 신 안에 가득했던
사랑이 신 밖으로 흘러 넘쳐난 것이었습니다. 신은 무로부터 세상을
창조하신 것이 아니라, **사랑으로부터** 세상을 창조하신 것이었습니다.
맥도널드는 이렇게 말합니다.

> 이 세상은 단순히 신이 만드신 제작물이 아니라, 신 자신의 생각,
> 느낌, 마음의 표현물이다. **7**

그러니까 신은 기계 제작자가 기계를 제작하듯이 세상을 만들어 낸

것이 아니라, 시인이 시를 짓듯이 지어낸 것입니다. 작가가 이야기를
짓듯이 지어낸 것입니다. 작곡가가 곡을 짓듯이 지어낸 것입니다.
나니아는 모든 만물이 그 창조자의 노래, 그 'chant'로 'en-chant-
ed'되어 있는 곳, 그 노래의 **'매직'**에, 그 **창조의 말씀**의 '매직'에 걸려
있는 나라입니다.

다른 종류의, 더 강한 마법

막 창조된 나니아 나라에 도착한 제이디스 마녀는 그 나라에는
"자신의 마법과는 다른 종류의, 더 강한 마법"a Magic different from hers and
stronger이 흐르고 있음을 감지합니다. 마녀 제이디스와 '과학자'
앤드루 삼촌의 마법은 자연을 지배하려는 **기술**technology이었던 반면,
나니아에 내재하는 **마법**은 세계에 대한 어떤 **비전**과 관계합니다.
이 세계를 인간이 마스터하고 이용할 수 없는 '신비한 힘들'로
가득한 곳으로 보는 비전 말입니다. 나니아에서 만물과 만사는
'인지知로 파악 가능하고 인력人力으로 지배 가능한 대상'들이
아닙니다. 왜냐하면 나니아는 '길들여질 수 없는 사자' 아슬란이
기동機動하는 세계이기 때문입니다.Aslan is on the move! 나니아에
내재하는 마법은 그 창조자 아슬란의 마법에서 흘러나오는
것들로서, 우리 안에 경외심과 경이감을 일으키며, 우리에게서
순종을 요구하는 무엇, 곧 **신비**입니다.
　『사자와 마녀와 옷장』의 유명한 장면에서 아슬란은 기독교
신학이 '율법' 혹은 '자연법'이라고 부르는 것을 '깊은 마법'the deep

Magic이라고 부르고, (초자연적) '은혜'라고 부르는 것을 '더 깊은 마법'the deeper Magic이라고 부릅니다. 루이스는 마법을 '더 이상 분석할 수 없는 객관적인 효력'을 가진 무엇으로 정의하는데, **자연법**이나 **은혜** 같은 것들이 바로 그런 것들이기 때문입니다. 자연법의 작용이나 은혜의 효력은 그 어떤 철학이나 신학으로도 완벽히 설명해 낼 수 없습니다. 우리 인간은, 왜 콩 심은 데 콩 나고 팥 심은 데 팥 나는 것인지, 그리스도의 죽음이 어떻게 해서 우리를 구원하는 것인지, 어떻게 성찬의 떡과 포도주가 그리스도의 몸과 피가 되는 것인지 결코 다 이해할 수 없습니다. 루이스는 성찬 성사를 "강력한 마법"a strong magic이라고 부르기를 주저하지 않습니다.

> (나의) 지성으로는 꿰뚫을 수 없는, 세계들 사이의 장막이,
> 여기서만큼 옅어지고 신적 작용이 마구 투과해 들어오는 곳은
> 없다고 나는 믿네. 여기서는 미지의 세계에서 오는 손이 내
> 영혼뿐 아니라 내 몸도 만진다네. 여기서는 내 속의 학자, 교수,
> 현대인이 내 안의 야만인이나 아이보다 앞서지 못한다네.
> 여기에는 엄청난 치료제와 강력한 마법이 있네. 그러니 [이 신비
> 앞에서 경건히] 입을 다물게나. *Favete linguis.* 🔳

루이스는 창조의 신비, 새 창조의 신비를 그저 '영적인'spiritual 신비라고 부르는 건 부족하다고 여깁니다. 창조의 신비, 구속의 신비는 단순히 '영적인' 것이 아니라 **마법적인** 것입니다. 루이스는 '영적인 것'과 '마법적인 것'을 대조시키는 사람이라면 그가 말하는

지고(至高)천(Empireo)을 목도하는 단테와 베아트리체.
단테의 『신곡』에 실린 구스타프 도레(Gustave Doré, 1832–1883)의 삽화
("Canto XXXI" in *The Divine Comedy*, 1892).

'영적인 것'이란 "그저 심리적인 것 또는 윤리적인 것"을 뜻할 공산이 높다고 지적합니다. 루이스는 우리는 "기독교의 마법적 요소가 지닌 가치를" 알아봐야 한다고 역설합니다. 왜냐하면 그런 마법적 요소는 '천상 영역', 곧 **하늘**은 "자연계의 우주 못지않게, 어쩌면 그보다 훨씬 더 객관적인 사실들의 영역"이라는 점을 일깨워 주는 것들이기 때문입니다. **하늘**은 선험적으로 구성되거나, "격률^{maxim}, 이상^{ideals}, 가치^{values}" 등으로 용해되어 버릴 수 없는, 단단한 **사실들**^{facts}의 세계입니다.**9**

　루이스는, 말씀으로 창조된 세상이기에 이 세상은 **말씀 천지**라는 기독교의 성사적 세계관이, '매직'을 잃어버린 세계를 재주술화시킬 수 있는 비전과 상상력이 될 수 있음을 나니아의 창조 이야기를 통해 보여주고 있습니다. 다음 장에서는, 세상을 이러한 말씀 천지인 세상으로 알아보는 눈에 대한 이야기를 나눠 보고자 합니다.

11

루시,
반짝이는
눈

개안 開眼

C. S. 루이스는 **보는 눈**을 강조한 작가였습니다. 우주에 나가 봤더니 신이 보이지 않더라는 어떤 러시아 우주 비행사의 말을 언급하며 루이스는 이렇게 말했습니다.

> 많은 것이 보는 눈에 달려 있다. Much depends on the seeing eye **1**

또 루이스는 우리에게 문학이 필요한 이유, 다른 이들이 쓴 글이 필요한 이유는, 우리는 "다른 이들의 눈을 통해서도 [세상을] 볼" 필요가 있기 때문이라고도 했습니다.**2**

우리는 보는 눈이 생길 때 비로소 뭔가를 알아보게 되고, 보는 눈이 넓어질 때 비로소 생각이 넓어지고, 보는 눈이 열릴 때 비로소 새로운 삶의 지평이 열립니다.

루이스의 작품 전체에서 '보는 눈'은 중요한 모티프로 등장하는데, 『나니아 연대기』에 이런 대사가 나옵니다.

> 루시가 그를 가장 자주 보았어.
> Lucy sees him most often (『새벽출정호의 항해』 7장).

여기서 '그'란 나니아의 그리스도 Christ-figure라고 할 수 있는 위대한 사자 **아슬란**을 말합니다. 페번시가* 아이들 중에서 가장 어린아이였던 루시는 그 아이들 중에서도 아슬란을 가장 자주 보는 이였습니다. 그리고 나니아의 요정들, 정령들을 가장 자주 보는 이도 루시였습니다.

한마디로 나니아 이야기에서 루시는 **보는 사람, 보는 눈**을 가진 사람입니다. 'Lucy'라는 이름은 라틴어 *'lux'*, 곧 '빛'에서 온 말인데, 빛이 있어서 우리는 보게 되는 것이지요. 루시는 분명 눈이 반짝반짝 빛나는 아이였을 것입니다. 빛을 받아 반짝반짝 빛나는 눈으로 나니아의 모든 것을 바라보는 아이 말입니다.

반짝이는 눈으로 세상을 바라보는 한 시인의 노래가 있습니다.

나이 60에 겨우
꽃을 꽃으로 볼 수 있는
눈이 열렸다.
신이 지으신 오묘한
그것을 그것으로
볼 수 있는
흐리지 않은 눈
어설픈 나의 주관적인 감정으로
채색하지 않고
있는 그대로의 꽃
불꽃을 불꽃으로 볼 수 있는
눈이 열렸다.
세상은
너무나 아름답고 충만하고 풍부하다.
신이 지으신
있는 그것을 그대로 볼 수 있는

지복한 눈

이제 내가 무엇을 노래하랴.

신의 옆자리로 살며시

다가가

아름답습니다.

감탄할 뿐

신이 빚은 술잔에

축배의 술을 따를 뿐

시인 박목월 선생님의 「개안」開眼이라는 시입니다.

시인은 "나이 60에 겨우 꽃을 꽃으로 볼 수 있는 눈이 열렸다"고
노래하고 있습니다. 그렇게 눈이 열려서 보니 모든 꽃은
불꽃이더라고 노래합니다. 꽃을 있는 그대로 보면 **불꽃**이라는
것입니다. 있는 그대로의 꽃은 불꽃이라는 것입니다. 모든 꽃은 실은
다 불붙어 있다는 것입니다.

그래서입니다. 꽃을 정말 보는 사람, 꽃을 꽃으로 보는 눈이 열린
사람은 꽃 앞에서 발걸음을 멈추게 됩니다.

그 불에 놀라서 그런 것이지요. 꽃에 붙어 있는 그 **불**에
말입니다.

그렇게 놀란 사람이 『성서』 「출애굽기」에 나옵니다. 「출애굽기」
3장을 보면 모세가 어느 날 광야에서 양 떼를 치고 있는데, 보니까
어떤 떨기에 불이 붙었는데 이상하게도 그 떨기가 타서 없어지지
않고 있는 것이었습니다. 그 놀라운 광경을 보러 가까이 다가갔다가
모세는 "모세야, 모세야" 하고 신이 자신을 부르는 음성을 듣게

됩니다. 그리고 모세는 신에게서 "네가 지금 선 곳은 거룩한 땅이니 네 발에서 신을 벗으라" 하는 음성을 듣게 됩니다.

이 장면을 모티프로 빅토리아 시대 시인 엘리자베스 브라우닝 Elizabeth Barrett Browning, 1806-1861이 쓴 시가 있습니다.

> ……하늘로 가득한 땅,
> 떨기마다 신神으로 불붙어 있건만,
> 오직 눈 밝은 이만이 그 앞에서 자기 신을 벗나니, …… ❸

네, 시인은 노래하기를, 이 세상 모든 떨기는 모세가 보았던 것처럼 다 그렇게 불붙어 있다는 것입니다. 모세가 그날 본 그 떨기만 거룩한 불로 불붙어 있는 것이 아니라, 실은 이 땅의 모든 떨기가 다 그렇게 거룩한 불로, 신의 불로 불붙어 있다는 것입니다. 온 땅에 하늘이 가득하며, 그렇기에 우리가 서 있는 모든 땅이 다 거룩한 땅이라는 것입니다. 눈 밝은 이, 곧 눈이 열린 사람에게는 그렇게 보인다는 것입니다.

그 불을 볼 수 있으려면 "눈이 열려야" 합니다. 시인 박목월 선생님은 "나이 60에 겨우" 그 눈이 열렸노라고 고백하고 있습니다. 그리고 그런 눈이 열려, 세상을 있는 그대로 볼 줄 알게 되니, 세상이 "너무나 아름답고 충만하고 풍부하다"고 노래합니다. 네, 일전에 소개해 드린 철학자 찰스 테일러가 말했던 'fullness'를 경험하고 있는 것입니다. 이 세상의 'wonder-fullness', 'meaning-fullness' 를 알아보는 체험 말입니다.

박목월 시인도, 브라우닝 시인도 그런 눈이 열린

이들이었습니다. 세상을 경이의 눈으로 볼 줄 알았던
이들이었습니다.

테오리아

시인 박목월 선생님은 이제 자신은 신 옆으로 다가가 "축배의 술을
따를 뿐"이라고 노래합니다. 네, 눈이 열려 보게 되는 세상은 일종의
축제라는 것입니다. 축제가 벌어지고 있는 듯한 광경이라는 것인데,
사실 철학은 본래 그렇게 **축제가 벌어지는 광경**을 보는
것이었습니다. 고대 그리스어에서, 축제 같은 광경을 보는 것을
일컫는 말이 바로 '**테오리아**'*theoria*, 곧 **관조**觀照였습니다.
　철학, 'philosophy'란 말은, 주지하듯이 '**지혜**sophia를
사랑한다philos'는 말인데요, 자신들을 일컬어 '지혜를 사랑하는
사람들'philosophers라고 부른 최초의 이들이 바로 (소크라테스,) 플라톤,
아리스토텔레스였습니다. 그런 의미에서 그들은 '최초의
철학자들'이었고, 그들 최초의 철학자들은 지혜란 진리를 **보는**
것이라고 가르쳤습니다.**4**
　사실 이는 혁신적인 생각이었습니다. 전에는 진리란 말하거나
듣는 것이라고만 생각했는데, 이들 최초의 철학자들은 진리란 **보는**
것이라고 생각한 것입니다.
　그리고 이렇게 진리를 보게 되는 것, **관조**하는 것을 일컫는 말로
그들 최초의 철학자들이 사용한 단어가 바로 '**테오리아**'였습니다.
　고대 그리스에서 본래 '**테오리아**'는, 이런 철학적 관조를 일컫는

말로 쓰이기 전에, **축제를 보러 가는 일**을 가리키는 말이었습니다.
그리고 고대 그리스인들이 축제에 가는 건 그저 놀러 가거나
구경하러 가는 것이 아니었습니다. 당시의 축제는 다 종교
축제였습니다. 그리고 종교 축제에 간다는 것은 놀러 가거나
구경하러 가는 것이 아니라, 예배를 드리러, 예배를 보러 가는
것이었습니다.

그리고 예배를 본다는 것은 예배를 그저 구경하는 것이 아니라,
예배에, 그 종교 축제에 몸과 마음을 담아 **참여**한다는 것이었고,
그리고 그런 참여를 통해 **깨달음**과 **변화**를 받고자 하는
것이었습니다.**5**

그런 목적으로 종교 축제를 보러 가서 예배를 보는 사람을
'**테오로스**'*theoros*라고 했습니다. 그러니까 최초의 철학자들은,
'테오로스'들이 축제가 벌어지는 광경을 보는 이들인 것처럼 **철학적**
'**테오로스**', 곧 '**테오리스트**'*theorist*들은 진리가 펼쳐지는 광경을 보는
사람들이다, 하고 여겼던 것이지요.

플라톤의 대표작『국가』*Republic*도 소크라테스가 어느 축제에
다녀오는 이야기로 시작하고, 그 책에서 플라톤은 철학자를 "진리의
장관壯觀을 사랑하는 사람"*lover of the spectacle of truth*이라고 정의한 바도
있습니다.**6**

최초의 철학자들은, 철학한다는 것이 관조한다는 것, 본다는 것,
'**테오리아**'한다는 것이라고 가르쳤습니다. 우리도 뭔가 정말 알게
되면, 영어로 "I see"라고 말하지요.

그리고 그 최초의 철학자들은 "철학은 경이에서 시작한다"고
가르쳤는데, 이때 경이의 원어인 '**타우마제인**'도 고대 그리스어에서

영화 「사자, 마녀, 그리고 옷장」(The Lion, The Witch and The Wardrobe, 2005, 앤드루 애덤슨 감독) 한 장면.

본다는 말과 밀접한 관련이 있는 말입니다.**7** '타우마제인'은 **보면서 놀라워한다**는 뜻입니다. 그러니까 "철학은 경이에서 시작한다"는 말, 경이가 철학의 '아르케'*arche*, 근본 원리라는 말은, 철학이란 **경이의 눈으로 세상을 보는 것**이라는 뜻이라 하겠습니다.

신의 옆자리

세상을 경이의 눈으로 보는 것, 볼 줄 아는 것, 이것이야말로 철학의 정신과 예술의 혼, 시의 마음과 종교의 영성이 만나는 지점이고, 그것들 모두가 흘러나오는 원천이라고 생각합니다.

철학자 하이데거는 『형이상학 입문』이라는 책에서 철학의 근본 물음이 있는데 이것이라고 말합니다.

왜 아무것도 없지 않고 뭔가 있는가?

Why is there something rather than nothing?**8**

사실 이는 단순히 지적 호기심에서 나오는 물음이 아니라, 놀라움에서, **경이**에서 나오는 물음입니다. **있음**이라는 것 자체 앞에서 놀라서 하는 질문인 것입니다. 철학자는 이 세상 모든 것에 대해 그것이 그렇게 있다는 것 자체에 놀라는 사람입니다.

경이의 눈으로 그것을 바라보는 것인데, 경이야말로 철학의 '아르케'라고 말했던 최초의 철학자들에 따르면, 그렇게 경이의 눈으로 어떤 것을 바라보는 것이 그것을 있는 그대로, 다시 말해,

참되게 보는 것입니다.

그런 의미에서 보면, "있는 그대로의 꽃은 불꽃"이라는 시인의 노래는 그대로 철학자의 관조이기도 합니다.

그런데 하이데거가 고발하고 한탄하듯이, 철학은 점점 존재 자체를 관조하는 이러한 경이를 잃어버리고, 대신 호기심의 눈으로 세상을 두리번거리며 기술의 손으로 세상을 주무르려 들고 있습니다.

이렇게 철학이 자신의 근원, 자신의 '아르케'로부터 이탈하고 있는 시대에 진정한 철학은 오히려 시인들의 시에서 찾아볼 수 있는 것인지도 모릅니다.

시인 생존 페르스 Saint-John Perse, 1887-1975 는 1960년 노벨 문학상을 받는 자리에서 이렇게 말한 바 있습니다.

> 철학자들 자신이 형이상학을 떠나버렸기에 이제 형이상학을 회복해야 할 임무가 시인들에게 맡겨졌습니다. 옛날 철학자들이 말했던 '경이의 진정한 딸'은 과거 이를 자처했던 철학이 아니라 이제 시입니다.

소크라테스는 철학은 경이에서 시작한다고 말하면서 무지개의 여신인 이리스 Iris 를 타우마스 Thaumas 의 딸이라고 한 헤시오도스의 『신통기』의 말을 옳다고 한 바 있는데요, 소크라테스는 타우마스라는 이름을 타우마 Thauma, 곧 경이로 본 것입니다.🟩
소크라테스의 말은 경이에서 시작하는 철학이야말로 이리스처럼 신들의 메시지를 인간들에게 전해 주는 역할을 한다는

세상을 경이의 눈으로 보는 것,
볼 줄 아는 것,
이것이야말로 철학의 정신과 예술의 혼,
시의 마음과 종교의 영성이 만나는 지점이고,
그것들 모두가 흘러나오는 원천입니다.

뜻입니다.

"경이의 진정한 딸"이 철학이든, 아니면 이제는 시이든, 아무튼 철학자 소크라테스도 시인 생존 페르스도 모두 동의하는 바는, **경이는 하늘과 땅을 연결해 주는 무지개처럼, 신과 인간 사이를 연결해 준다**는 것입니다.

그래서였을까요? 시인 박목월 선생님은 꽃을 꽃으로 볼 수 있는 눈이란 "신이 지으신 있는 그것을 그대로 볼 수 있는 지복한 눈"이라며, 이제 자신은 "신의 옆자리로 살며시 다가가 아름답습니다 감탄할 뿐"이라며, "신이 빚은 술잔에 축배의 술을 따를 뿐"이라며, 노래하고 있습니다.

아마, 이렇게 노래하는 시인의 눈은 루시처럼 반짝였을 것입니다.

12

장엄한
춤

하늘을 그리워하는 마음

여러분은 봄을 좋아하시나요? 아마 그러시리라 생각합니다. 그런데
보면, 어른들은 그렇게 봄 구경하기를 좋아하는데, 아이들은 별로
관심이 없지요. 이런 시가 있습니다.

애들아, 저 봄 봐라
창문을 열었지요.

하지만 아이들은
힐끗 보곤 끝입니다.

지들이
마냥 봄인데
보일 리가 있나요(고춘식, 「봄, 교실에서」).

네, 어른들이 봄을 좋아하는 것은, 실은 역설적이게도 어른들의
내면이 을씨년스럽기 때문입니다. 겨울이기 때문입니다. 겨울이라
봄의 수혈이 필요한 것이지요. 봄의 세례가 필요한 것입니다.
　　루이스는 말합니다. 우리는 그저 아름다움을 **보고** 싶어 하는
것이 아닙니다. 사실 우리는, 우리가 보는 그 아름다움 안으로 내가
들어가게 되고, 그 아름다움 안에 잠기고, 그 아름다움을 흡입하고,
그 아름다움의 일부가 되고, 그 아름다움과 하나가 되기를 원하는
것입니다.

그래서입니다. 봄을 정말 사랑하는 사람은 봄을 앓습니다. 봄을 보면 마음이 아립니다. 왜냐하면 나는 봄이 아니기 때문입니다.

사실 이 세상의 모든 아름다운 것들은 우리 마음을 아리게 합니다. 저는 우리말 '아름답다'와 '아리다'는 서로 통하는 말이 아닐까 생각합니다.

아름다운 것을 보면 마음이 아립니다. 마음이 벅차오르면서도 또 한편으로는 마음이 아려옵니다. **그리움** 때문에 그런 것입니다. 그리움이 일깨워지기 때문에 그런 것입니다. **하늘**을 향한 그리움, **아름다움의 바다**인 하늘을 그리는 마음이 일깨워지기 때문에 그런 것입니다.

말하자면 사람은 본래 하늘이라는 아름다움의 바다에서 살도록 지음 받은 존재라 하겠습니다. 아름다움에 잠겨서, 아름다움을 마시며, 아름다움 속을 헤엄치며, 아름다움을 호흡하며, 아름다움을 살아 내며, 그렇게 그 자신이 하늘 아름다움의 일부가 되어 살아가도록 지음 받은 존재입니다.

그래서 아린 것입니다. 지금 우리는 그 바다 바깥으로 나와 있고, 그래서 우리 영혼은 그 바다를, 하늘을 아리도록 그리워하고 있기 때문입니다.

루이스는, 또 기독교 신학자들과 영성가들은 우리를 정말 살아 있게 만드는 것은 바로 이 그리움이라고 말합니다. 이 그리움이 살아 있어야 사람이라고 말합니다. 사람이란 그리스어로 '안드로포스' *anthropos*인데, 학설에 따르면 '안드로포스'란 **위를 바라보는** *ano+throsko* 존재라는 뜻입니다. 네, 하늘을 앙망하고, 영원을 동경하고, 신을 그리워하는 존재가 바로 사람, '안드로포스'인 것입니다.

하늘을 앙망하고,
영원을 동경하고,
신을 그리워하는 존재가 바로 사람,
'안드로포스'인 것입니다.

아슬란, 봄

아슬란 님이 오신다는 소문이 있어요(『사자와 마녀와 옷장』 7장).

옷장을 통해 나니아에 오게된 페번시가※ 아이들이 '아슬란'이라는
이름을 처음 듣는 순간입니다. 그 순간, 아이들은 마치 꿈속에서 뭔가
대단히 의미심장한 말을 듣게 되었을 때와 같은 기분에 사로잡히게
됩니다. 뜻은 잘 모르면서도, 그러나 너무도 중요하게 느껴지는 말,
그 말 때문에 그 꿈 전체가 좋은 꿈이 되기도 하고 악몽이 되기도
하는 그런 말입니다. 여러분은 그런 말을 들어보신 적이 있습니까?
꿈속에서.

사람은 왜 꿈을 꿀까요? 그건, 사람에게는 **영혼**이 있기 때문일
것입니다. 그리고 사람의 영혼은 무언가를 그리워하고 있기
때문입니다. 그리워하는 이는 꿈을 꾸지요. 사실 종교나 예술은
인류가 꿔온 꿈들이라고 할 수 있습니다. 그리운 것이 있기에 꾸게
된 꿈들, 보고 싶은 것이 있기에 그려 본 것들 말입니다.

루이스는 **신화**를 인류가 꾸어 온 **좋은 꿈**이라고 했습니다.
꿈이지만 뭔가 중대한 의미를 담고 있는 꿈 말입니다. 가령 '널리
인간 세계를 이롭게 하기 위하여'弘益人間 신이 인간 세계에
내려왔다는 그런 신화들 말입니다. 신화는 물론 어디까지나
꿈입니다. 사실이 아닙니다. 하지만 **사실**보다 중요한 **진실**을 담고
있는 꿈일 수 있습니다. 그래서 사실, 신화는 힘이 셉니다. 사람의
영혼을 움직이는 힘이 있습니다.

나니아에서 아슬란은 봄을 가져오는 존재입니다. 아니, 아슬란

자체가 곧 봄이라고도 하겠습니다. 아슬란이 오는 것이 곧 봄이 오는 것입니다.

기억하시나요? 루시를 비롯해 페번시가※ 아이들이 옷장을 통해 들어가게 된 나니아는 "크리스마스도 없이 영원히 겨울만 계속되는" 나라였습니다. 하지만 아이들은 그 땅에서 하얀 마녀에게 영혼을 팔아 버리지 않고 살아가는 비버 씨 부부를 통해 이런 예언의 말을 듣게 됩니다.

아슬란이 오실 때 악이 바로 잡히리라.
그의 우렁찬 포효에 슬픔이 사라지고,
그가 이를 드러낼 때에 겨울은 죽음을 맞이하며,
그가 갈기를 흔들 때에 봄은 다시 찾아오리라(『사자와 마녀와 옷장』 8장).

이 예언은 성취됩니다.

잠시 후, 루시와 작은 파우누스는 손을 맞잡고 기쁨에 겨워 빙글빙글 돌며 춤을 추었다(16장).

마녀의 집 안뜰에서 석상이 되어 있던 툼누스에게 아슬란이 숨을 불어넣어 되살려 내자 벌어진 장면입니다. 기억하시나요? 옷장을 통해 루시가 나니아에 오게 되었을 때 처음 만난 인물이 바로 툼누스였지요. 툼누스는 파우누스Faunus, 곧 로마 신화의 목신牧神이었는데, 파우누스는 그리스 신화의 목신 판Pan 신처럼 신화적 의미에서 **자연 만물**을 뜻합니다.

그런 그를 하얀 마녀가 딱딱한 돌로 만들어 놓았던 것입니다.
"모든 나무는 님프이고, 모든 행성은 신神"이었던 나니아를, 하얀
마녀가 만물이 얼어붙은 동토, 모든 것이 자기 색을 잃고 백설에
뒤덮여 있는 설국, "크리스마스도 없이 영원히 겨울만 계속되는"
나라로 만들어 버린 것입니다.

그러나 아슬란은 마녀가 지배하던 겨울 왕국에 마침내 봄을
가져옵니다. 마녀와 싸워 이겨 봄을 가져오는 것인데, 『사자, 마녀,
옷장』을 읽었거나, 영화를 보신 분들은 기억하실 것입니다.
그 싸움을 이기기 위해 아슬란은 돌 탁자 위에서 자기 목숨을
내놓았습니다.

네, 봄이 **자연히** 오는 법은 없습니다. 봄은 "피 흘리기까지"
(『성서』「히브리서」12:4) 싸워 이긴 누군가의 **은혜로** 오는 것입니다.
이런 시가 있습니다.

> 기다리지 않아도 봄이 오고
> 기다림마저 잃었을 때에도 너는 온다.
> ……
> 가까스로 두 팔을 벌려 껴안아보는
> 너, 먼데서 이기고 온 사람아(이성부,「봄」중에서).

나니아에 다시 찾아온 봄은 "먼데서 이기고 온" 봄이었습니다.
아슬란, 곧 나니아 속 그리스도의 **십자가와 부활**을 통해 오는
봄이었습니다. 그 봄은 돌처럼 굳어 죽어 있던 나니아의 만물과

만인을 살려 냅니다.

> 꼭 박물관 같아(『사자와 마녀와 옷장』16장).

살아 움직이던 동물들이 석상이 되어 모여 있던 마녀의 집 안뜰을
보며 전에 루시가 한 말이었습니다.
하지만 죽음을 이기고 부활한 아슬란의 숨이 그들 안으로 불어
넣어지자❶ 놀라운 광경이 펼쳐졌습니다.

> 사방에서 석상들이 되살아나고 있었다. 안뜰은 이제 더 이상
> 박물관 분위기가 아니었다. 그곳은 마치 활기찬 동물원
> 같았다(16장).

박물관 같았던 곳이 동물원 같은 곳이 된 것. 그것이 마녀의 집
안뜰에서 벌어진 구원 사건이었습니다. 자기 색깔과 호흡을 잃고
화석처럼 굳어 있던 모든 것들이 다시 살아 숨 쉬고 살아 움직이게
되는 것, 그것이 바로 루이스가 『나니아 연대기』에서 그리는
구원이었습니다.

신나는 춤

다시 살아난 나니아의 동물들이 벌이는 부활 세리머니를 루이스는
이렇게 묘사합니다,

죽은 듯이 새하얗던 안뜰은 온통 눈부신 빛깔로 가득했다.……
죽음 같은 정적은 사라지고 행복에 겨운 동물들의 울음소리,
요란하게 발 구르는 소리, 고함 소리, 만세 소리, 노랫소리와
웃음소리로 온 뜰이 떠나갈 듯했다(16장).

구원받는다는 것은, 다시 춤추게 된다는 것입니다. 석상들은 춤추지
못하지요. 하지만 아슬란의 숨을 받아 다시 살아 숨 쉬게 된
동물들은 "아슬란의 꽁무니를 쫓아 뛰어다니며 빙글빙글 에워싸고
춤을 추어" 댔습니다.

『나니아 연대기』에서 루이스가 그리는 신은 "우리가 그 앞에서
춤출 수 있는 신"입니다. 철학자 하이데거는, 존재의 궁극적
신비로서의 신이 아니라 그저 세계의 최종적 원인으로서의 신, 그저
존재자들 중 최고 능력을 가진 존재자로서의 신은, 우리가 그 앞에서
춤출 수 없는 그런 신이다, 하고 말한 적이 있습니다.❷

어떻습니까? 여러분에게 신이란 여러분이 그 앞에서 춤출 수
있는 그런 존재입니까? 신을 절대 군주 같은 최고 존재자 정도로만
알고 있다면, 그런 신 앞에서는 춤출 마음이란 생겨나지 않을 겁니다.

하지만 나니아의 구원받은 백성들은 아슬란 앞에서 신나게 춤을
추어 댔습니다. 얼마나 신나게들 춤을 추어 댔는지 **거대한 사자
아슬란의 모습이 그 춤판에 묻혀 거의 보이지 않게 될 정도**였다고
말하고 있습니다. 신 앞에서 어찌나 신나게들 춤을 추어 대는지 그
신나는 춤판에 신의 모습이 묻힐 정도였다는 것입니다. 저는 이 구절,
이 장면에서 큰 영감을 받습니다.

저는 신의 모습이 보이지 않을 정도로 이렇게 거대한 춤판이

벌어지는 순간이야말로 진짜 신神의 본질이 계시되는 순간이라고 생각합니다.

진짜 신을 만난다는 것은 신이 난다는 것이기 때문입니다.
신이 난다면 진짜 신을 만난 것입니다.
신이 난다는 것이 곧 신을 만난다는 것입니다.

적어도 기독교가 말하는 신은 그렇습니다. 왜냐하면 기독교가
말하는 신은 **춤** 같은 존재 때문입니다.

20세기 대표적 기독교 해설서인 『순전한 기독교』에서 루이스는,
기독교가 말하는 신은 다른 종교나 철학에서 말하는 신처럼 정적인
존재가 아니라, 역동적인 존재, "역동하며 약동하는 활동, 생명,
일종의 드라마에 가까운" 존재라면서, 신은 "일종의 춤"에 가까운
존재라고 말하고 있습니다.

신의 존재 방식을 춤에 비유하는 것은 사실 기독교의 전통적
신관입니다. 기독교의 신학적 토대를 놓은 고대 교회 교부들은
성부·성자·성령 삼위일체로서의 신의 존재 방식을 춤에다가 즐겨
비유했습니다.

기독교가 말하는 신은 어떤 고독한 일자the One가 아닙니다.
기독교가 말하는 신은 삼위일체Trinity라는 **관계**를 자신의 본질로
하는 그런 신입니다. 곧 태초에 삼위일체라는 사랑의 관계가, **장엄한**
춤이 있었던 것입니다.

그리고 세상 모든 것은 이 사랑의 관계로부터 창조되었고, 또 이
사랑의 관계를 위해 창조되었습니다. 이 장엄한 춤으로부터

창조되었고, 또 이 장엄한 춤을 위해 창조되었습니다. 만물과 인간이 창조된 것은 바로 이 사랑의 관계와 장엄한 춤에 들어오라는 신의 초대였고, 이 사랑의 관계와 장엄한 춤 안에서 모든 존재는 서로가 서로에게 살아 있는 생명이며 사랑의 상대가 됩니다. **❸**

신나는 세계 안으로

나니아를 노래로 창조한 뒤 아슬란은 자신이 창조한 나라에 이렇게 (원)복Original Blessing을 선포했습니다.

> 나니아여, 나니아여, 나니아여, 깨어나라. 사랑하라. 생각하라.
> 말하라. 걸어 다니는 나무들이 되어라. 말하는 동물들이 되어라.
> 성스러운 물이 되어라(『마법사의 조카』 9장).

네, 어느 인간이 감히 "걸어 다니는 나무, 말하는 동물, 성스러운 물"을 그저 대상·물건object 취급할 수 있겠습니까! 나니아에서 만물은 인간 지식과 지배의 대상이 아닙니다. 만물은 상대입니다. **춤 상대**입니다. 함께 춤추어 함께 코스모스 곧 신이 창조하신 세계의 질서와 아름다움을 드러낼 상대입니다.

　　나니아는 **인간이 중심**anthropocentric인 나라가 아닙니다.
네, 나니아에서도 "아담의 아들들, 하와의 딸들"이 **만물의 영장**이긴 합니다. 하지만 나니아의 인간은 만물을 정복하고 지배한다는 의미에서 만물의 영장이 아니라, **만물을 창조의 영이 깃든 영물**靈物로

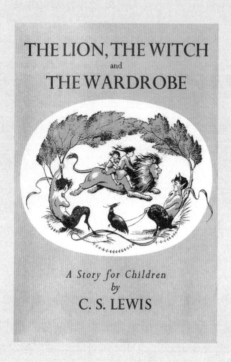

THE LION, THE WITCH
and
THE WARDROBE

A Story for Children
by
C. S. LEWIS

"아마 그때의 질주는 아이들이 나니아에서 경험한
가장 멋진 일이었을 것이다"(『사자와 마녀와 옷장』 15장).

알아보고, 나니아를 만물이 춤추는 나라로 지키고 다스린다는
의미에서 만물의 영장靈長입니다.

> 루시와 작은 파우누스는 손을 맞잡고 기쁨에 겨워 빙글빙글 돌며
> 춤을 추었다(『사자와 마녀와 옷장』 16장).

자연 만물을 상징하는 파우누스, 툼누스와 손을 맞잡고 기쁨에 겨워
빙글빙글 돌며 춤을 추고 있는 루시는 지난 장에서 보았듯이
반짝이는 눈을 가진 사람을 뜻합니다. 세상을 경이의 눈으로 바라볼
줄 아는, 관조할 줄 아는 사람을 뜻합니다. 무지개를 보면 가슴이
뛰는 어린아이 같은 사람을 뜻합니다. 이런 사람에게 세계는 **신나는
세계**로 드러나고, 신은 세계의 궁극적 신비로서 자신을 드러냅니다.

　『사자, 마녀, 옷장』을 보면, 사망의 권세를 이기고 부활한
아슬란은 무시무시한 포효를 울리고는 루시와 수전을 등에 태우고
무서운 속도로 질주했습니다. 그 거대한 사자의 따뜻한 황금빛 등
위에서 수전은 앞에 앉아 갈기를 꽉 붙들었고, 루시는 그 뒤에서
수지를 꼭 잡았습니다.

　아이들은 겁이 났지만, 이야기의 화자가 말하길, 그 질주는
"아이들이 나니아에서 경험한 가장 멋진 일"이었다고 말합니다.

　저는 저와 여러분이 이 세상에서 경험할 수 있는 가장 멋진
일도, 가장 신나는 일도 바로 이것이라고 생각합니다.

진짜 신神을 만난다는 것은
신이 난다는 것이기 때문입니다.
신이 난다면 진짜 신을 만난 것입니다.

나가며

기독교 철학자나 신학자에게 성경에서 가장 중요한
구절을(「요한복음」3:16을 제외하고) 하나 뽑아 달라고 하면 아마 많은
이들이 「요한일서」4장 16절을 뽑을 것입니다.

> 하나님은 사랑이십니다.
> Deus Caritas Est.

"God is Love." 기독교 신학자들이나 철학자들이 이 구절을 중요하게
여기는 까닭은 그 말씀의 철학적, 신학적 중요성 때문입니다.
"하나님은 사랑이시다"는 **하나님**이 어떤 존재인지(신학), 또 하나님이
어떤 **존재**인지(철학)에 대해 말해 주는, 성경에서 찾아볼 수 있는
가장 심플하면서도 가장 심오한 구절입니다.

있으라!

기독교는 이 세상이 있는 것은 하나님이 있기 때문이라고 믿습니다.
보다 철학·신학적으로 말해 보자면, 이 세상은 하나님 안에
있습니다. 하나님이 이 세상 안에 있는 것이 아니라, 이 세상이
하나님 안에 있는 것입니다. 이 세상은 하나님 안에 있기에 비로소
존재할 수 있는 것입니다(「사도행전」17:28, "우리는 하나님 안에서 살고,
움직이고, 존재하고 있습니다"). 그래서 철학적 신학은 하나님을 '존재
자체'Being라고 부르곤 합니다.
　　하나님이 있기에 세상이 있는 것입니다. 무엇이든 그것이 '있을'

수 있는 것은 하나님이 있기 때문이고, 이것이 기독교 신학이 말하는 '창조론'의 철학적 의미입니다. 그런데 성경의 창조 이야기에 따르면, 이 세상 만물이 있는 것은 하나님이 "있으라" 하셨기 때문입니다. "빛이 있으라 하시니 빛이 있었고"(「창세기」1:3). 이 세상은 하나님이 "있으라" 하셨기에 있게 되었고, 그렇게 있게 된 세상을 보시면서 하나님은 좋아라 하셨습니다(「창세기」1:4, "하나님이 보시기에 좋았더라"). 곧 하나님은 이 세상이 있기를 바라셨고, 그래서 있으라 하셨고, 그래서 이 세상이 있는 것입니다.

하나님은 사랑

그런데 하나님은 왜 이 세상이 있기를 바라셨을까요? 기독교 신학자들, 철학자들은 이 질문에 대한 답을 「요한일서」4장 16절에서 찾을 수 있다고 생각합니다. 네, 하나님이 이 세상을 창조하신 까닭은 바로 "하나님은 사랑이시기" 때문입니다.

"하나님은 사랑이시다"라는 말씀에 영감을 받아 형성된 기독교 사상에 따르면, 하나님은 **존재 자체가** 사랑이신 분입니다. "하나님은 사랑이시다"라는 말은 단순히 하나님이 사랑이 많으신 분이라는 뜻 정도가 아니라, 하나님은, 마치 물이 H_2O이듯이, 그 존재 자체가 사랑이신 존재라는 뜻입니다. 사랑은 단순히 하나님의 사역일 뿐 아니라 하나님의 본질입니다. 사랑은 하나님의 본질이기에 사랑하고 있지 않은 하나님이란 있을 수 없습니다. 타는 것이 불의 본질이기에 타고 있지 않은 불이란 있을 수 없는 것처럼 말이지요.

"하나님은 사랑이시다"라는 말을 우리는 흔히 "하나님은 세상을 사랑하신다"는 말로 이해합니다. 그런데 사랑이 단순히 하나님의 사역일 뿐 아니라 하나님의 본질이라면, 그래서 사랑하고 있지 않은 하나님이란 있을 수 없는 것이라면, 가만 생각해 보면, 한 가지 중대한 신학적, 철학적 문제가 발견됩니다. "그렇다면 하나님이 세상을 창조하기 전에는 어떻게 하나님일 수 있느냐?" 하는 것입니다. 왜냐하면 세상이 창조되기 전에는 하나님이 사랑할 대상이 없었을 것이고, 그렇다면 하나님은 사랑하고 있지 않았을 것이고, 그렇다면 하나님은 하나님일 수 없겠기 때문입니다. 타고 있지 않다면 불이 아니듯이, 사랑하고 있지 않다면 하나님이 아니기 때문입니다.

태초에 관계가 있었다

삼위일체 교의는 이 문제에 대해 답을 줍니다. 기독교 신학의 중추 격인 이 교리에 따르면, 하나님은 세상이 있기 전에도 사랑하고 계셨습니다. **사랑**으로 존재하고 계셨습니다. 왜냐하면 세상이 있기 전부터, 영원 전부터 성부는 성자를 사랑하여 자신의 모든 것을 성자에게 끊임없이 내어 주고 계셨고, 성자는 성부를 사랑하여 자신이 성부께 받는 모든 것을 끊임없이 성부께 다시 돌려드리고 계셨으며, 성부와 성자 사이의 이러한 영원한 사랑의 운동으로서 성령이 움직이고 계셨기 때문입니다. 곧 태초에 **사랑**이 있었습니다. 기독교 신학이 **성부·성자·성령**이라고 부르는 거룩한 사랑이, 사랑의 운동이, 사랑의 관계가, 사랑의 춤이 영원 전부터, 태초부터, 애초부터 있었던 것입니다.

기독교는 태초에 **사랑**이 있었다고 천명합니다. 태초에 **관계**가 있었다고 선포합니다. 그러니까 태초에 **고독**이 있었던 것이 아닙니다. 태초에는 어떤 절대 고독, 고독한 존재가 있었을 따름인데 어찌어찌해서 다른 존재들, 타자들이 생겨났고 그 존재들 사이에서 비로소 관계라는 것이 시작된 것이 아닙니다. 관계가 먼저 있었습니다. 관계가 고독보다 더 근원적입니다. 태초에 우리가 삼위일체라고 부르는 **절대 관계**가 있었고, 그리고 이 세상 모든 것은 다 그 절대적 사랑의 관계로부터 비롯했습니다.

관계로의 초대

태초에 삼위일체라는 사랑의 관계가 있었다는 말은 다시 말하면 태초에 'I LOVE YOU'가 있었다는 말입니다. 태초에 어떤 고독한 'I'가 홀로 자기 생각에 빠져 있었던 것이 아닙니다. 태초에, 태초부터 이미 'YOU'가 있었고 'LOVE'가 있었고, 'I LOVE YOU'가 있었습니다. 'I LOVE YOU'라는 관계의 기쁨, 충만이 있었고, 그 충만이 흘러넘쳐서, 그 기쁨이 차고 넘쳐서 만들어진 것이 바로 이 세상과 이 세상 모든 것들입니다.

기독교 신학에 'unnecessary creation'이라는 교리가 있습니다. 이 교리가 뜻하는 바는, 하나님은 이 세상이 **필요**해서 창조하신 것이 아니라는 것인데, 다시 말해 하나님은 뭔가 부족한 것, 아쉬운 것이 있으셔서 이 세상을, 인간을 창조하신 것이 아니라는 것입니다.
하나님은 당신 안에 뭔가 채워야 할 것이 있어서 이 세상을 창조하신
것이 아니라, **차고 넘치셔서, 당신의 충만이 흘러넘쳐서** 이 세상을
창조하셨습니다. 하나님은 이미 충만하셨습니다. '세상 없이도'
충만하셨습니다. 성부·성자·성령이라는 사랑의 관계 안에서
충만하셨습니다. 기쁨이 충만하셨습니다. 그런데 그 기쁨이
흘러넘쳐서, 그 '기쁨을 이기지 못해' 세상을 창조하셨습니다.
왜냐하면 기쁨이란, 희열 ecstasy이란 **밖으로 흘러넘치는** ek+stasis 법이기
때문입니다.

　기독교 영성 신학에 따르면, 창조는 하나님의 사랑의 기쁨의
범람입니다. 'I LOVE YOU'의 기쁨이 너무 커, 이루 헤아릴 수 없는,
천문학적 숫자의 'you'들을 창조하셨던 것입니다. 'You'(당신)를
필요로 하고 계신 것입니다! 당신에게서 뭔가를 받아 내기 위해서가
아니라 뭔가를 주고 싶으셔서, 그래서 초대하고 계신 것입니다.
들어오라고, 이 사랑의 관계 안으로, 이 기쁨 안으로 들어오라고.
당신이 이따금 알아차리는, 당신 안에 있는, 그 무언가를 향한 동경과
그리움은 바로 그 초대장인 것입니다. 들어오라는, 이 'I LOVE YOU'
안으로 들어오라는…….

　하나님은 **사랑**이십니다.
　그래서 "있으라" 하신 것입니다.
　세상을 있으라 하셨고,
　우리를 있으라 하신 것이며,
　"있으니 좋다"고 하시는 것입니다.

"네가 그렇게 있는 것이 나는 참 좋다"고 하시는 것입니다.

우리는 사랑받고 있습니다. 그러므로 존재합니다. I am loved, therefore I am.

주

1 별이란 무엇인가?

1. Richard Dawkins, *The Magic of Reality: How We Know What's Really True* (New York: Free Press, 2011). (『현실, 그 가슴 뛰는 마법』 김영사)
2. 윌리엄 워즈워스, 「하늘의 무지개를 바라보면 가슴이 뛰네」, 『워즈워스 시선』, 윤준 옮김 (서울: 지식을만드는지식, 2014) 69. 워즈워스가 1802년에 쓴 시로서 이 시의 마지막 세 절은 워즈워스의 *Ode: Intimations of Immortality from Recollections of Early Childhood*(1807)의 제사(題句, motto)로 등장한다.

2 세계의 탈주술화

1. 참고. 김덕영, 『막스 베버: 통합과학적 인식의 패러다임을 찾아서』(서울: 도서출판 길, 2012) 651-751.
2. Max Weber, "Science as a Vocation," in *From Max Weber: Essays in Sociology*, ed. Hans Heinrich Gerth and C. Wright Mills (New York: Oxford University Press, 1946), 139. (『직업으로서의 학문』 나남)
3. 참고. 카렌 암스트롱, 『축의 시대: 종교의 탄생과 철학의 시작』, 정영목 옮김 (서울: 교양인, 2010).
4. 영어로 'Leviathan'. 가나안 신화와 구약 성서에 등장하는 머리가 여럿인 바다 괴

물('용').

5. "베버는 세계의 탈주술화 과정을 크게 두 범주, 즉 종교적 탈주술화 과정과 과학적 탈주술화 과정으로 나누어 고찰한다. 종교의 탈주술화는 고대 유대교의 소명예언과 더불어 시작되어 금욕적 프로테스탄티즘, 보다 구체적으로 말해 칼뱅주의의 예정론에 이르러 완결되었다. 그리고 과학의 탈주술화 과정은 헬레니즘에서 시작되어 르네상스를 거쳐 근대 과학에서 완성되었다. 과학에 의한 세계의 탈주술화는 근본적으로 인간의 정신이 점차 지성화되는 것을 뜻한다. 장기간에 걸친 탈주술화 과정의 결과 종교는 과학에 의해 비합리적인 것의 영역으로 밀려나고 과학이 합리적인 것의 영역을 독점하게 되었다. 과학에 의해 종교가 탈주술화된 것이다." 김덕영, 『막스 베버』, 749–750.

6. "합리화와 지성화, 그 가운데서도 특히 세상의 탈주술화의 시대인 우리 시대의 운명은 바로 궁극적이며 가장 숭고한 가치들이 공공의 장에서 물러나서 신비적인 삶이라는 은둔의 왕국으로 퇴장했거나 개인들 상호 간의 직접적인 관계의 형제애 속으로 퇴장했다는 사실이다." Weber, "Science as a Vocation," in *From Max Weber*, 155. 번역은 김덕영, 『막스 베버』, 684에서 가져옴.

7. Dannel C. Dennet, *Breaking Spell: Religion as a Natural Phenomenon* (New York: Penguin Books, 2007). (『주문을 깨다』 동녘사이언스)

8. "경험과학이 세계의 탈주술화를 철저하게 추진해 세계를 완전히 인과적 매커니즘으로 전환하면서 과학적 인식과 종교적 해석, 즉 '세계는 신에 의해 질서가 부여된, 따라서 어떻게든 윤리적으로 **유의미하게** 지향된 우주'라는 해석 사이에 최종적 긴장이 나타나고 갈등이 생긴다." 김덕영, 『막스 베버』, 683.

9. 김덕영에 따르면 베버의 인간학에서 인간("문화인간", Kulturmensch)은 "이 세상에서 그리고 이 세상에 대하여 의식적으로 입지를 설정하고, 자신의 삶과 행위를 주관적으로 결정하며, 그것에 의미를 부여할 능력과 의지를 소유한" 존재이다. 또한 김덕영은 베버의 가치관에 대해 다음과 같이 해설한다. "개인의 행위는 초월적이고 객관적으로 타당한 가치에 준거하며 이를 지향하기 때문에 의미가 있는 것이 아니다. 그 반대로 개인이 주관적으로 어느 가치가 자신의 삶과 행위에서 중요하다고 표상하기 때문에 그 가치가 의미 있는 것이 된다. 이렇게 보면 베버는 주관주의적 가치론을 내세우고 있다고 결론지을 수 있다." 김덕영, 『막스 베버』, 718.

3 신들로 가득한 세계, 나니아

1. 적잖은 루이스 연구자들이 루이스를 탈주술화된 현대 세계에서 재주술화를 모색한 작가로서 평가한다. "[루이스의 작품세계는] 상당부분 사회학자 막스 베버가 말한 '세계의 탈주술화'에 대한 응답 혹은 응수라고 볼 수 있다." Alan Jacobs, *The Narnian: The Life and Imagination of C. S. Lewis* (San Francisco: HarperSanFrancisco, 2005), 188.

2. C. S. Lewis, "The Empty Universe," in *Present Concerns*, ed. Walter Hooper (New York: Harcourt Brace Jovanovich, 1986), 81. (「텅 빈 우주」, 『현안』 홍성사) 「텅 빈 우주」는 루이스가 1952년 영국에서 출간된 더글라스 하딩스(D. E. Hardings)의 *The Hierarchy of Heaven and Earth: A New Diagram of Man in the Universe*를 위해 쓴 서문이다.

4 인간 폐지

1. "탈주술화가 낳은 하나의 결과는, 그것이 탈감정화 과정(process of de-emotion alization)을 동반함으로써, 환경이 더 이상 감정의 일차적 원천이 아니라 비인격적 법칙에 지배받는 '중립적' 영역으로 간주되게 되었다는 점이었다. 이 비인격적 법칙은 자연적 사태를 통제하기는 하지만, 그 자체로 감정을 결정하지는 않는다. 세계관의 이 같은 근본적 전환이 가져온 당연한 결과는, 감정이 몇몇 내적 원천으로부터 발산되어 나온 상태로 다시 개인 '내부에' 자리 잡게 되었다는 것이다." 콜린 캠벨, 『낭만주의 윤리와 근대 소비주의 정신』, 박형신 옮김 (파주: 나남, 2010), 150. 참고. Owen Barfield, *History in English Words*, new ed. (London: Faber and Faber, 1954), 169-170.

2. 그 교과서는 새뮤얼 테일러 콜리지(Samuel Taylor Coleridge, 1772-1834)의 한 일화를 언급한 것으로 보인다. 콜리지와 윌리엄 워즈워스의 스코틀랜드 여행에 동행한 도로시 워즈워스(Dorothy Wordsworth)의 여행기 *Recollections of a Tour in Scotland*(1897)에 나오는 일화로서, 콜리지는 어떤 이가 코라 린(Cora Linn) 폭포를 보고서 "Sublime and beautiful"이라고 말한 것을 두고서 숭고·장엄(the sublime)과 아름다움(the beautiful)[에드먼드 버크(Edmund Burke, 1729-1797)가 구분한]을 혼용한 것으로 여겼다.

3. C. S. Lewis, *The Abolition of Man: Or Reflections on Education with Special Reference*

to the Teaching of English in the Upper Forms of Schools, The Riddell Memorial Lectures, 15th Series (New York: Macmillian Publishing Company, 1986), 30-31. (『인간 폐지』 홍성사)

4. C. S. Lewis, *English Literature in the Sixteenth Century, Excluding Drama* (Oxford: Clarendon Press, 1954), 3-4.

5. "현대에 이르기 전까지는 일류 사상가들 중 누구도 가치에 대한 우리의 판단이 합리적 판단이라거나 자신이 발견한 것이 객관적이라는 사실을 의심하지 않았습니다.……현대의 관점은 매우 다릅니다. 오늘날 사람들은 가치 판단은 아예 판단이 아니라고 생각합니다. 가치 판단이란 어떤 공동체 안에서 환경과 전통의 압력으로 형성되는 정서나 콤플렉스나 태도로, 공동체마다 다르다고 생각합니다. 뭔가를 선하다고 하는 것은 그것에 대한 우리의 감정 표현일 뿐이며, 그러한 우리의 감정은 그렇게 느끼도록 사회적으로 조건 지어졌다는 것이죠." 루이스는 이 "질병을 물리치지 않는다며 인간은 분명 멸종할 것이며……우리의 영혼도 파멸할" 것이라고 말한다. C. S. 루이스, 「주관주의의 독」, 『기독교적 숙고』, 양혜원 옮김 (서울: 홍성사, 2013), 133-134.

6. Charles Taylor, "Disenchantment-Reenchantment," in *The Joy of Secularism: 11 Essays for How We Live Now*, ed. George Levine (Princeton, NJ: Princeton University Press, 2011), 57-73.

7. Charles Taylor, *Sources of the Self: The Making of the Modern Identity* (Cambridge: Harvard University Press, 1989), 4, 41. (『자아의 원천들: 현대적 정체성의 형성』 새물결)

5 페어리, 동경의 공간

1. Charles Taylor, *A Secular Age* (Cambridge: Belknap Press of Harvard University Press, 2007), 5.

2. Michael Warner, Jonathan VanAntwerpen, and Craig Calhoun, "Editor's Introduction," in *Varieties of Secularism in a Secular Age*, ed. Michael Warner, Jonathan VanAntwerpen, and Craig Calhoun (Cambridge: Harvard University Press, 2010), 11.

3. C. S. Lewis, "On Three Ways of Writing for Children," in *On Stories and Other Essays on Literature*, ed. Walter Hooper (New York: Harcourt Brace Jovanovich,

1982), 31-43. (「어린이를 위한 글을 쓰는 세 가지 방법」, 『이야기에 관하여: 문학 비평 에세이』 홍성사)

4. C. S. Lewis, "The Weight of Glory," in *The Weight of Glory and Other Addresses*, ed. Walter Hooper (New York: Collier Books, 1980), 16. (「영광의 무게」, 『영광의 무게』 홍성사)

5. *The Seaside and the Fireside*(1849)에 실린 시로서 롱펠로가 스웨덴 시인 에사이아스 텡네르(Esaias Tegnér, 1782-1846)의 죽음을 애도하며 쓴 시.

6. C. S. Lewis, *Surprised by Joy: The Shape of My Early Life* (New York: Harcourt Brace & Company, 1956), 16-18. (『예기치 못한 기쁨』 홍성사)

6 쌍둥이, 주술과 과학

1. Frances A. Yates, "The Hermetic Tradition in Renaissance Science," in *Art, Science, and History in the Renaissance*, ed. Charles S. Singleton (Baltimore: Johns Hopkins University Press, 1968), 258.

2. '근대과학의 형성'에 있어서 마술(비학, occult philosophy)의 영향에 대한 연구로는 다음 책을 참조할 수 있다. "17세기 초에 자연 지식의 담론은, 갈릴레오처럼 기계적·수학적 법칙을 정립하려는 경향으로부터, 사물의 '형상'을 발견하려는 파라켈수스적·장미십자회적 경향에 이르기까지, 매우 넓은 스펙트럼을 형성하고 있었다. 두 경향 사이에서 베이컨의 위치는 중간쯤이라고 볼 수 있다. 그렇지만 이 모든 연구 경향을 서로의 차이에도 불구하고 하나의 '담론 상황'에 묶어 두었던 것은, 자연의 책에 은폐된 '의미'를 해독하겠다는 공통의 계획이었다. 또한 이러한 계획은 르네상스 비학으로부터 물려받은 유산이었다." 이종흡, 『마술, 과학, 인문학: 유럽 지적 담론의 지형, 1464-1744』 (서울: 장미와 동백, 2022, 158)

3. Lewis, *The Abolition of Man*, 87.

4. Lewis, *English Literature in the Sixteenth Century, Excluding Drama*, 8.

5. Lewis, *The Abolition of Man*, 87.

6. "어떤 것을 인식하며 그것을 지배할 수 있는 권력을 가진다는 의미에서, 지식은 곧 권력이다. 이러한 의미에서 '지식이 권력'이라는 개념을 가장 체계적으로 정립한 인물은 프랜시스 베이컨이다. 그러나 베이컨은 이 개념을 르네상스 비학으로부터 빌려 왔다." 이종흡, 『마술, 과학, 인문학』, 61(각주 45번).

7. Lewis, *The Abolition of Man*, 87-88.

7 무지개를 풀다

1. "⋯⋯Do not all charms fly / At the mere touch of cold philosophy? / There was an awful rainbow once in heaven: / We know her woof, her texture: she is given / In the dull catalogue of common things. / Philosophy will clip an Angel's wings, / Conquer all mysteries by rule and line, / Empty the haunted air, and gnomed mine – / Unweave a rainbow, as it erewhile made / The tender-person'd Lamia melt into a shade." (II. 229-239)

2. 리처드 도킨스, 『무지개를 풀며』, 최재천·김산하 옮김 (서울: 바다출판사, 2008), 8-9, 58-59.

3. 참고. 리처드 홈스, 『경이의 시대』, 전대호 옮김 (파주: 문학동네, 2013).

4. Alister E. McGrath, *The Reenchantment of Nature: The Denial of Religion and the Ecological Crisis* (New York: Doubleday, 2002), 138.

5. Jerome A. Miller, *In the Throe of Wonder: Intimations of the Sacred in a Post-Modern World* (Albany: State University of New York Press, 1992), 153.

6. Jean-Luc Marion, "On the Gift" in *God, The Gift and Postmodernism*, eds. John D. Caputo and Michael J. Scanlon (Bloomington IN: Indiana University Press, 1999), 74.

7. "지금이나 예전이나 사람들은 '(어떤 것을) 의아하게 생각함'(驚異)으로써 '지혜를 추구하기'(철학하기) 시작했다." 아리스토텔레스, 『형이상학』, 김진성 옮김 (서울: 이제이북스, 2007), 38(982b). "그렇게 놀라는(*thaumazein*) 감정이야말로 철학자의 특징이라네. 이것 말고 철학의 다른 출발점은 없네." 플라톤(소크라테스), 「테아이테토스: 지식에 관하여」, 『플라톤의 다섯 대화편』, 천병희 옮김 (고양: 도서출판 숲, 2016), 82(155d).

8. Mary-Jane Rubenstein, *Strange Wonder: The Closure of Metaphysics and the Opening of Awe*, ed. Slavoj Žižek et al., Insurrections: Critical Studies in Religion, Politics, and Culture (New York: Columbia University Press, 2008), 1-24.

9. Francis Bacon, *Of the Advancement of Learning*, I.3. (『학문의 진보』 아카넷)

10. René Descartes, *The Passions of the Soul*, trans. Stephen H. Voss (Indianapolis: Hackett, 1989), 56 (art. 70). (『정념론』 문예출판사)

8 경이와 호기심

1. Hans Blumenberg, *The Legitimacy of the Modern Age*, trans. Robert M. Wallace (Cambridge: MIT Press, 1985).

2. 필자가 풀어 썼다. (『삼위일체론』 분도출판사)

3. Gregory the Great (c.540-604), *Homily 27.4 on John 15:12-16*, cited and trans. Robert Louis Wilken, *The Spirit of Early Christian Thought: Seeking the Face of God* (New Haven: Yale University Press, 2003), 312. (로버트 루이스 윌켄, 『초기 기독교 사상의 정신』 복 있는 사람)

4. Θαυμάζειν. 그리스어 동사 'Thaumazo' (Θαυμάζω)의 부정사.

5. Martin Heidegger, *Being and Time*, trans. Joan Stambaugh (Albany: State University of New York Press, 2010), 166. "호기심이 추구하는 것은 세계를 관조하면서 여유를 즐기는 것이 아니라 마주치는 것을 끊임없이 교체함으로써 초조와 흥분을 맛보는 것이다. 이렇게 어느 것에도 그리고 아무 곳에도 머무르지 않음으로써 호기심은 우리의 관심을 분산시킨다(Zersreuung). 호기심이 갖는 이러한 성격을 하이데거는 아리스토텔레스가 철학의 근본 기분이라고 지칭했던 경이, 즉 경탄과 함께 존재자를 보는 것과 대조하고 있다. 호기심에게 중요한 것은 경이를 통해 의문에 사로잡히는 것이 아니라 하나의 앎이지만 그러나 이러한 앎은 단지 알아두기 위한 앎에 불과하다." 박찬국, 『하이데거의「존재와 시간」강독』(서울: 그린비, 2014), 234-235.

6. "'반짝반짝 작은 별 아름답게 비치네'로 시작되는 노래를 생각해 보라. 이 노래를 배울 때 아이는 이미 존재하는 경탄스러운 느낌을 한층 더 발전시킨다―호기심을 외경심과 뒤섞는 신비감을 말이다. 아이는 작은 별에 대해 궁금해 하는 것이다. 그렇게 하는 가운데 하늘에 있는 어떤 단순한 형상이 내면 세계를, 곧 어떤 점에서는 신비롭기도 하지만 다른 점에서는 자신의 세계와 갖은 세계를 갖고 있음을 상상하는 법을 배운다. 아이는 자신으로부터 내면이 감추어진 어떤 형상에 생명, 감정, 생각을 부여하는 것이다." 마사 C. 누스바움, 『감정의 격동: 2 연민』, 조형준 옮김 (서울: 새물결, 2015), 768.

9 표징으로서의 세계

1. '파이다고고스'는 고대 그리스-로마 사회에서 가정에서 아이들(6-16세 정도)의

학업을 감독하는 일을 맡았던 이들(주로 남자 노예)이었는데, 사도 바울은 모세의 율법이 그리스도가 오시기 전까지 유대인들에게 '파이다고고스' 역할을 해주었다고 말한다. "이같이 율법이 우리를 그리스도께로 인도하는 초등교사(파이다고고스)가 되어 우리로 하여금 믿음으로 말미암아 의롭다 함을 얻게 하려 함이라. 믿음이 온 후로는 우리가 초등교사 아래에 있지 아니하도다"(「갈라디아서」 3:24-25, 『성서』).

2. C. S. Lewis, "Transposition," in *The Weight of Glory and Other Addresses*, ed. Walter Hooper (New York: Macmillan Publishing company, 1980), 60. (「변환」, 『영광의 무게』 홍성사)

3. 성육신 신학과 플라톤 철학의 종합으로서의 성사적 세계관(존재론) 개관을 위해서는 다음 책을 참고할 수 있다. 한스 부어스마, 『천상에 참여하다: 성례전적 존재론 되찾기』, 박세혁 옮김 (서울: IVP, 2021).

4. "그 책[플라톤주의 철학 서적]을 읽어 보니 말은 같지 않지만 실은 여러 가지 논증으로 같은 내용을 설명하고 있음을 발견하게 되었습니다. 그 내용인즉 '태초에 말씀이 계시니라. 그 안에 생명이 있었으니 이 생명은 사람들의 빛이라. 빛이 어둠에 비치되 어둠이 깨닫지 못하더라.'(「요한복음」 1:1-12, 『성서』)였습니다. …… 그러나 나는 거기에서 '말씀이 육신이 되어 우리 가운데 거하시매'(1:14)라는 말씀은 읽지 못했습니다" 아우구스티누스, 『성어거스틴의 고백록』, 선한용 옮김 (서울: 대한기독교서회, 2019) 224-225(Confessions, VII, 9).

5. 루이스는 낮은 차원이 높은 차원으로 들어 올려져 그 일부가 되는 '변환'(Transposition) 개념을 통해 성사적 세계관을 설명한 글에서 성육신은 "신성이 육신으로 변화됨으로써가 아니라, 인성이 하나님 안으로 들어 올려짐"(not by conversion of the Godhead into flesh, but by taking of the Manhood into God)으로써 이루어진 것이라고 말하는 아타나시우스 신조의 한 구절을 인용한다. C. S. Lewis, "Transposition," in *The Weight of Glory and Other Addresses*, ed. Walter Hooper (New York: Macmillan Publishing company, 1980), 71. (『영광의 무게』 홍성사)

6. "everything……is already as itself more than itself." John Milbank, *Being Reconciled: Ontology and Pardon* (London: Routledge, 2003), 115.

10 태초에 노래가 있었다

1. 플라톤의 이데아론에 따르면, 가시계(可視界)의 아름다운 꽃은 가지계(可知界)의 아름다움이라는 이데아를 분여(分與)받아, 분유하고(分有, 부분적으로 나눠 가지고) 있기에, 그렇게 아름다운 것일 수 있는 것이다. 분여, 분유를 뜻하는 메테시스(μέθεξις)를 영어에서는 흔히 'participation'(참여)이라고 옮긴다. 어떤 것에 참여하고 있다는 말은 그것의 일부(a part)를 나눠 가지고 있다는 말이다.

2. 개괄적 이해를 위해 다음 책들을 참고할 수 있다. 한스 부어스마, 『천상에 참여하다: 성례전적 존재론 되찾기』, 박세혁 옮김 (서울: IVP, 2021). 특히 제4장("테피스트리를 자르다: 근대성이라는 가위"). 제임스 K. A. 스미스, 『급진 정통주의 신학: 탈세속신학개관』, 한상화 옮김 (서울: CLC, 2011). 특히 제3장(「급진 정통주의 철학 '이야기': 플라톤에서 스코투스까지 그리고 그 뒤」)을 보라.

3. 라플라스(Pierre-Simon Laplace, 1749-1827)에게 나폴레옹이 우주에 관해 쓴 방대한 책에서 어째서 창조주에 대해서는 한 번도 언급하지 않았느냐고 묻자 "폐하, 제게는 [신이라는] 그런 가설은 필요하지 않습니다"라고 대답했다는 일화가 유명하다.

4. 천체들이 완벽한 수학적 비례를 이루면서 운동하며 하모니를 낸다고 생각한 피타고라스(학파)의 사상으로서, 중세 우주관의 중요 요소였다. 천구들은 신을 향한 사랑(갈망)에 의해 원(회전) 운동을 하며 화음을 내고 있다. "그대를 갈망하며 회전하는 위대한 하늘이 / 그대가 조절하고 맞추신 조화로 / 나의 정신을 사로잡았을 바로 그때," (단테 알리기에리, 「제1곡」, 『신곡: 천국편』, 박상진 옮김 (서울: 민음사, 2007), 78. "그[단테]의 천국 체험기 속에는 고대에서 중세에 이르는 동안 형성된 저들의 우주관이 구체적으로 묘사돼 있으며, 또한 우주론적 음악관에 입각한 천상의 음악 얘기도 실감 있게 서술돼 있다. …… 한마디로 단테는 지극이 오묘하고 아름다운 조화의 결정체인 하늘음악을 통해서 기독교가 추구하는 가장 선하고 완전무결한 신성의 세계를 그의 천국 편에서 구현해 보인 셈이라고 하겠다." 한명희, 『하늘의 음악이란 무엇인가: 장자의 천락은 천악이다』, (서울: 세창출판사, 2018), 85.

5. 참고. 「골로새서」 1:16, 『성서』 "만물이 **그분 안에서** 창조되었습니다. 하늘에 있는 것들과 땅에 있는 것들, 보이는 것들과 보이지 않는 것들, 왕권이나 주권이나 권력이나 권세나 할 것 없이, 모든 것이 **그분으로 말미암아** 창조되었고, **그분을 위하여** 창조되었습니다." 필자 강조.

6. 창조에 대한 이런 이미지는, 동방정교회의 중요한 신학자 고백자 막시무스(St.

Maximus the Confessor, c.580-662)의 플라톤(철학)적 창조 신학과 대단히 깊이 공명한다. 그 교부에 따르면, 로고스(*Logos*, 말씀)으로 창조된 모든 창조물 각각 안에는 로고이(*logoi*), 말이 담겨 있다. 로고이란 각 창조물을 향한 신의 아이디어 혹은 계획으로서, 로고스, 곧 신의 정신 속에(in God's mind) 영원 가운데 이미 있던 것들이다. 창조란 바로 그 영원한 로고이들이 시간 속에서 실현되는 것으로서, 모든 창조물 각각은 그렇게 신의 정신 안에 있는 아이디어·이데아(idea), 혹은 형상(form)의 표현들이다. 곧 막시모스·나니아의 창조 신학에서는 이 세상 모든 만물은 로고스, 말씀으로 창조되었기에 로고이, 말을 품은 존재들, 말을 하는 존재들, 신의 말씀을 말해 내는 존재들이다. 이렇게 모든 창조물은 세계를 초월하는 것이면서도 동시에 세계에 내재하고 있는 것인, 그들 각각의 로고이를 통해 창조자 안에 참여하고 있다. 참고. Melchisedec Törönen, *Union and Distinction in the Thought of St Maximus the Confessor*, ed. Gillian Clark and Andrew Louth, Oxford Early Christian Studies (Oxford: Oxford University Press, 2007), 127-132.

7. George MacDonald, "Wordsworth's Poetry," in *A Dish of Orts, Chiefly Papers on the Imagination, and on Shakespeare* (London: Sampson Low Marston & Company, 1977), 246. 맥도널드도 루이스도 신플라톤주의적인 '유출설'을 주장했던 것은 아니다. 나니아 창조 이야기에서도, 창조물은 "아슬란의 머리로부터" 흘러나오는 듯 했지만(union), 아슬란과 창조물은 서로 구분(distinction)된다. 참고. Melchisedec Törönen, *Union and Distinction in the Thought of St Maximus the Confessor*.

8. C. S. Lewis, *Letters to Malcolm: Chiefly on Prayer* (New York: Harcourt Brace & Company, 1964), 103. (『개인기도』 홍성사)

9. 위의 책, 104.

11 루시, 반짝이는 눈

1. C. S. Lewis, "The Seeing Eye", Christian Reflection (Grand Rapids, MI: Wm. B. Eerdmans Publishing Co., 1967), 171. (「보는 눈」, 『기독교적 숙고』 홍성사)

2. C. S. Lewis, *An Experiment in Criticism* (New York: Cambridge University Press, 1961), 140. (『오독: 문학비평의 실험』 홍성사)

3. "······Earth's crammed with heaven, / And every common bush afire with God;

/ But only he who sees, takes off his shoes, ……" Elizabeth Barrett Browning, 'Aurora Leigh'.

4. Andrea Wilson Nightingale, Spectacles of Truth in Classical Greek Philosophy: Theoria in Its Cultural Context (New York: Cambridge University Press, 2004), 3.

5. 위의 책, 10.

6. "'그러시다면 참다운 철학자란 누구를 말씀하시는 겁니까?'하고 그는 말했네. '진리를 보기를 사랑하는 사람일세'하고 내가 말했네."(475e) 플라톤,『국가』, 조우현 옮김 (서울: 올재, 2013), 259.

7. 고대 그리스어에서 'thaumazein'는 'theaomai'(to see)와 어원적, 의미론적 관련이 있다.

8. Martin Heidegger, "Why are there beings at all instead of nothing?" in *Introduction to Metaphysics*, trans. Gregory Fried and Richard Polt (New Haven, CT: Yale University Press, 2000), 1.

9. "그렇게 놀라는 감정이야말로 철학자의 특징이라네. 이것 말고 철학의 다른 출발점은 없네. 그러니 이리스를 타우마스의 딸이라고 말한 사람이 하찮은 계보학자는 아니었던 것 같네." 플라톤(소크라테스), 「테아이테토스: 지식에 관하여」,『플라톤의 다섯 대화편』, 천병희 옮김 (고양: 도서출판 숲, 2016) 82(155d).

12 장엄한 춤

1. 참고. "[부활하신 예수께서] 그들을 향하사 숨을 내쉬며 이르시되 성령을 받으라"「요한복음」20:22, 『성서』

2. Martin Heidegger, *Identity and Difference*, trans. Joan Stambaugh (New York: Harper & Row, 1969), 72.

3. '나가며'를 보라.